周期、群体与决策

陈忠 著

中国商业出版社

图书在版编目（CIP）数据

周期、群体与决策 / 陈忠著 . -- 北京 : 中国商业
出版社，2025. 3. -- ISBN 978-7-5208-3284-7

Ⅰ . F830.59

中国国家版本馆 CIP 数据核字第 20249F33Q6 号

责任编辑：黄世嘉

中国商业出版社出版发行

（www.zgsycb.com　100053　北京广安门内报国寺1号）

总编室：010-63180647　编辑室：010-63033100

发行部：010-83120835/8286

新华书店经销

武汉市籍缘印刷厂印刷

*

710毫米×1000毫米　16开　15.5印张　244千字

2025年3月第1版　2025年3月第1次印刷

定价：88.00元

＊＊＊＊

前言

人类是群居的，投资也一样。

如果你是农民（个体与群体）

如果你是一位种玉米的农民，看到今年因受灾土豆价格暴涨，你会改种土豆，以图明年从土豆上大赚一笔吗？

如果你所在的区域，种植户们都抱有此种"加大土豆种植"的想法，那明年土豆供应量很可能会大增，到时候会不会亏本价都卖不出去呢？

如果你是一只狮子（标的选择）

如果你是一只狮子，面前走过一群野牛，你会攻击哪一个呢？

这群野牛分为三类：

一类是强壮的野牛，肉多（收益高），但是不易得手（概率低），攻击它们其中任一个，你也容易受伤（风险高）。

另一类是瘦弱的小牛，容易得手（概率高），攻击它们其中任一个，你都不易受伤（风险低），但是获得的肉少（收益低）。

还有一类是疲态的老牛，容易得手（概率中等），攻击它们其中任一个，你都不易受伤（风险中等），但是获得的肉同样多（收益不低）。

你会怎么选择？

1

如果你是一只青蛙（过程与风控）

如果你是一只青蛙，该如何做才能吃到天鹅肉？

第一，你要相信，一定会有天鹅飞过自己的头顶。因为一年有四季，根据天鹅的季节习性，它们要迁徙（周期性）。

第二，在吃到天鹅肉前，你要保证自己不能被饿死（安全性）。

第三，你要将天鹅的飞行路线、降落区域熟记于心（行为特征）。

第四，你该如何在预设的区域等待、隐藏（心态）？

第五，你捕捉天鹅时有没有什么辅助的工具（手段）？

第六，你知道天鹅和野鸭的区别吗（内涵特征）？

如果有一颗硕大的钻石（行动方案决策）

如果马路对面的草丛中，有一颗硕大的钻石，只有你看到了，但是马路上的车川流不息。你会如何走过去获取这颗钻石呢？

第一，你对自己的身手很自信，跳闪腾挪，穿过车流，捡起它。这样时间短、消耗体力较多，但是有可能被车撞死撞伤。

第二，你什么都不做，在路边等待车流的安全间隙，然后过去。这样可能用的时间较长，不怎么费力，但是安全程度很高。

你会怎么抉择呢？

本书的主要内容

本书包含两部分内容，第一部分为"周期、群体与决策"，动笔于2016年，2024年9月完稿。第二部分为"系统性风险的度量"，完稿于2007年，至今仍然有效。

一、"周期、群体与决策"的主要内容

《黑天鹅》的作者塔勒布发现，金融市场意外事件总是以高于人们预判的频率出现。但是造成"黑天鹅"事件的内在因素是什么？

《投资最重要的事》的作者霍华德·马克斯，从实战中总结出第二层思维指导下的正确方法。可该方法为什么正确？

2017 年诺贝尔经济学奖获得者理查德·塞勒，发现了股价波动的短期动量和长期反转效应。他能发现种种"效应"的本质内因是什么？

这些研究发现了不可解释的现象，解决了其相关性，忽略了因果性。

现代《金融投资学》则是在一些前提假设下，得出了过程很美好、结论不一定完全正确的理论体系。有效市场理论、资本资产定价模型、资本资产套利模型、夏普比率、未来收益概率正态分布等，认为只存在"高风险高收益"，高收益来自"高风险的补偿"，否认了"低风险高收益"的存在。其无法解释成功投资者已经成功的事实、很多投资好机会反复出现的本质原因。

所以，一个成功的投资分析、决策体系，应该搞清楚以下问题：

额外的因子。在金融二级市场投资中，真实结果是大多数投资人亏钱。从自然的角度看，每个人都是平常人。实现从"大多数平常人到可以稳定、持久盈利的'非常人'"的超越，需要获得什么额外的"因子"？这个"因子"是否存在？

相关性谬误。投资者在观察二级市场波动的时候，用得最多的方法是"统计回归"。但是科学理论需要的是因果性，既存在相关性，还要有内在动力、作用过程。本书就是从市场自身的周期性、市场内在不稳定势能、个体的有限理性和群体的信息不完整性等方面，揭示了二级市场波动的内因，而非统计得出的相关性结果。

周期性存在的内因。只有价格波动存在"周期性"，价格波动的上下边界才会存在。价格的"上下边界"，就是投资者梦寐以求的"低风险高收益"的投资机会。

群体性的特征。即使个体的单一行为是理性的，可是当个体行为趋于一致、形成群体行为时，最终结果会与个体预期产生偏差。

低风险高收益机会出现的"频度"。即使"上下边界"的投资机会是存在的，是必然出现的，可是如果100年才出现一次，那对投资者来说也没有任何意义。所以，我们还要求证"频度"，论证低风险高收益投资机会出现的内部驱动力，从而证明该投资机会的必然性，得到该类机会出现的频密程度。

决策体系。机会出现前应准备什么？出现时如何决策？如何避免自己不犯错误？在实际投资的过程中，风险如何管控？这也是本书要探讨的内容。

我们从周期性、群体性开始，揭示了"逆反群体"能成功的原因和逻辑，站到投资人群之外，再来研究参与交易的投资群体行为所具备的特点，从而知道正确的方法为什么正确，群体的错误为什么错误，群体错误为什么会反复出现。

一个成功的投资只有两个核心因素：好公司和好价格。本书论证"在价格波动幅度很大的二级市场投资"，好价格在先，好公司居后。

大脑就像一台计算机，一个成功的投资，需要达到两个层面的"高级"，一是具备高级CPU的大脑，二是高阶的输入信息。

所以，投资不单是一个知识的问题，还是一个工程实践问题。投资成功需要在有知识的基础上具有较强的执行能力。

知其然，而且知其所以然。既然是最高层次的解释体系，那么就能够解释价值投资、成长投资、短线交易、量化交易、逆向投资、分形理论、混沌理论、资产配置理论、美林时钟、"黑天鹅"事件，还可以外推到房地产投资、艺术品投资等更广泛的投资领域。

需要说明的是，本书是学术性研究之作，而非炒股秘籍。在获得新知识、提高投资认知、升级大脑CPU之后，还需要扎实的企业分析和不遗余力的企业调研。

二、"系统性风险的度量"的主要任务

本部分创新性地解决了"系统性风险的量化研究"。在数量概率模型的基

础上，得到直观、有严谨逻辑关系、清晰传导过程的结果。同时，对于困扰学界多年的货币剪刀差给出了准确的内涵揭示。

本部分的创新之处：

1. 金融投资产品的价格均衡。

金融投资产品的价格均衡是由需求决定的，而不是像消费品由市场供应和需求平衡决定。

一般消费品随着价格的上涨，消费需求迅速下降。投资产品随着价格的上升，需求反而会大幅增加。

2. 金融投资风险二因素之一是投资产品价格下跌的概率。

现代金融的风险定义是未来收益的不确定性。为什么不定义成价格下跌的概率呢？因为没有人可以找到"价格下跌概率"的数学表述。本书找到了。

3. 金融产品价格的变动取决于货币流动性的增量，而不是存量。

这是书中的研究结论。

4. 货币剪刀差的本质，体现了资本的活跃程度，反映了资金在各种形态之间的流动与存在。它是衡量系统性风险的工具。

在数学公式的推演中，自然得到和发现了货币剪刀差和系统性风险的关系，从而揭示了剪刀差的内涵。

5. 投资心理与行为，可以在模型里得到清晰的反映。

用相关数据和股市指数作比对，人群的投资心理、风险偏好，能够清晰地反映出来。

感谢美国哥伦比亚大学陈迁博士、韶音科技 CEO，华安基金前首席投资官尚志民在研究过程中的支持！

陈忠

2024 年 9 月 16 日

目　录

第一部分　周期、群体与决策

第一部分　周期、群体与决策

关键词：钟摆模型，价格波动周期性，群体行为集体犯错，长尾效应内因是势能差，价值因子，概率变动，时间组合，概率补偿，供应端掌控力，风险管控，过程管理，收益风险比，能量信息与时间的三因子代偿，信息的定义，群论。

绪　论

有一本书的名字叫《低风险　高回报》，由荷宝投资集团的弗利特博士撰写，书中介绍了作者发现的一个悖论：高收益来自低风险组合，高风险组合的收益率从长期来看，远远跑输指数。

他具体的验证工作是：考察1926—2016年美国股票市场上规模较大的1000家公司股票的每个月收盘价。

他计算了这1000家公司的历史波动率，用来表述其风险。然后，将历史波动率按高低来排序：选出波动率最低（风险最低）的前100名组成一个"低风险组合"；再选出波动率最高（风险最高）的前100名组成一个"高风险组合"，如图1所示，100家公司股票的低波动率和高波动率在1926—2016年存在明显的差异。

那么从1929年每个组合中各投入100美元，到2017年1月1日，谁的回报率更高呢？按照资产组合理论、资本资产定价模型的结论，高风险高回报来推导，高风险组合的回报应该高一些吧？

实证数据却表明，低风险组合的回报，是高风险组合的22倍多。

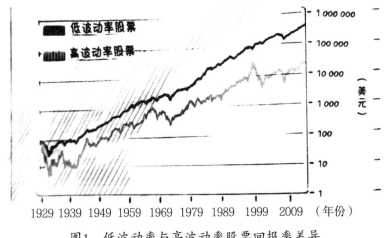

图1　低波动率与高波动率股票回报率差异

准确地说，低风险组合在 2017 年 1 月 1 日，增值为 482000 美元，而高风险组合只有 21000 美元。

有人也许会说：这个案例，万一只是美国股市的特例呢？

1975 年，金融学教授罗伯特·豪根研究发现，从长期来看，最低风险的组合，比最高风险的组合回报还要高，并且这个现象不仅在美国存在，而且在其他 20 个国家的股市，包括欧洲的、亚洲的、南美的等市场都存在。

再进一步，不仅在股市，而且在债券市场、商品期货市场和期权市场，也是一样，高风险并没有给投资者带来高回报。换句话说，没有什么"风险补偿"，高回报不是来自"高风险"。

所以，美国股市的案例不是特例，是普遍存在的事实。

理论与事实不符的时候，只能是理论出了问题。唯一的正确处理方式，是修改、补充，甚至彻底推翻该理论。

下面，就让我们开始重新审视投资行为、投资群体的神秘之旅吧。我们将建立一个完全不同的投资体系来探讨投资相关内容。

第一章　投资的路径价值

我们提出了一个全新的概念——投资的"路径价值"（the Path's Value）。

投资是想在未来获得一些收益，很明显这需要预测、推断未来。未来总是存在不确定因素，所以投资没有无风险的时候，即便是存款，也存在银行失去偿付能力的时候。

所以，投资结果的好坏和概率有关。

投资者作决策时，一定面临几种投资标的的选择。成功的概率、成功后的收益、失败后的损失，时间成本、机会成本等，这些都是要综合考虑的。这种情况类似于在十字路口，选择哪条道路的问题。例如：

选择道路 A，所用的时间最短，但是可能在途中遇见猛兽（风险）；

选择道路 B，比较舒适和安全，但是耗时长（效率或回报率）；

选择道路 C，时间短，也安全，但是路途艰辛，耗费体力（成本）；

选择道路 D，耗时中等，体力要求高，并有可能获得意外收益（存在捡到宝石的可能，风险溢价）。

在诸多外部条件、内部因素的限制都不一样的情况下，怎么科学、数量化地评估决策，从而在概率的约束下获得正确的结论？

我们把这套投资决策体系称作"路径价值"。其定义为：投资选项期望值减去机会成本，即选择了道路 A，就失去了选择 B、C 和 D 的机会。

下面我们用简单的模型，来详细说明。

第一节　投资决策的算法公式——路径价值

一、路径价值的定义

现代金融理论有一个概念，叫作"期望值"（Expected Value）（不考虑机会成本），每种收益率（包括损失率）以"对应的发生概率"做权重，加权平均值，就是该项选择的期望值。用数学来表达出来：把第一种结果值记为 S1，它发生的概率记为 P1；第二种结果值记为 S2，它发生的概率记为 P2；第 N 种结果值记为 SN，它发生的概率记为 PN，那么该事项的期望值可写为：

$$Ex = \sum (S1 \times P1 + S2 \times P2 + \cdots + SN \times PN) / \sum (P1 + P2 + \cdots + PN)$$

以此公式为基础，经过复杂的数学演算，得出一种现代金融理论。在现实世界里，这个理论明显受到挑战，因为其中存在多个问题：完全理性人假设、收益概率正态分布假设、不考虑机会成本；所得结论，高波动就是高风险、高收益来自高风险、风险补偿、风险溢价，等等。

新的"路径价值"是怎么揭示真实世界的呢？我们知道，投资有两个核心因素：收益率和概率。

那么，单一投资机会的期望值可以简化写作：

$$Ex = 收益 \times 收益的概率 - 损失 \times 损失的概率$$

我们保留单一机会的期望值，但是在众多机会选择面前，并不是将每种选择以概率加权平均，而是以机会成本的面貌，体现出选择与决策。例如，选择了单一机会 A，那么就失去了其他机会（B、C、D、E 等）。各路径期望值互为其他路径的机会成本。所以，我们定义投资的"路径价值"为：

$$路径价值 = 单一期望值 - 机会成本$$

单一投资机会的期望值：

投资期望值 = 预期收益（率）× 收益发生的概率 − 预期亏损（率）× 亏损发生的概率

在多路径可选时，单一投资机会的路径价值：

$$路径价值 = 单一投资期望值 - 最大机会成本$$

以贵州茅台600519为例，现在其股票价格为720元，您预期涨至1800元，概率为80%，如果出现系统性风险或企业意外因素，价格回调至650元，概率为20%。那么，以现价投资茅台的投资期望值Ex（M）和路径价值Pv（M）就是：

Ex（M）= 预期收益（率）× 向上概率 - 预期亏损（率）× 向下概率

Ex（M）=（1800 - 720）/ 720×80% -（720 - 650）/ 720×20%

Ex（M）= 120% - 1.94% = 118%

得到这个投资期望值Ex（M）的数字化结果后，可以和其他的股票投资机会、债券投资机会、无风险收益率（假设目前为5%）、房地产投资机会、珠宝古玩投资机会等一切投资机会的最高期望值进行比较（机会成本，即买了茅台就不能买其他产品而失去的期望值），就可以得出最优的决策。这里假设最大机会成本为无风险收益率5%。

Pv（M）= Ex（M）- 无风险收益率

Pv（M）= 118% - 5% = 113%

以现价720元投资贵州茅台股票600519的路径价值为113%。剩下的就是对此投资的评估了。例如，冒有限风险去获得高于无风险收益率的113%的茅台股票，这个回报率您是否满意呢？

人们在做投资决策时，实际上，是对未来可选择的几种金融产品，来评估每个产品可能的收益（率）、发生的概率、可能的损失（率），发生的概率、产品收益（率）实现后的满意度和损失（率）实现后的厌恶程度，从而做出综合判断，然后进行抉择。满意度、损失率、概率、时间长短、机会成本等因素，是类似于在十字路口进行路径选择。我们将在"钟摆模型"章节，详细论述该如何抉择。

二、对投资期望值、路径价值算法公式的修正

从行为金融学来看，人们心理上对损失的敏感度要高于收益。即心理上

对风险的厌恶要大于对收益的喜爱，比如损失 100 元的痛苦，是要大于获得 100 元的喜悦；或者说，损失 100 元的痛苦，等于获得 120 元的喜悦。

那么，人们对风险的厌恶系数可表述为：

$$预期收益 = 预期损失 × 风险厌恶系数 h$$

$$风险厌恶系数 h = 预期收益/预期损失$$

上例的风险厌恶系数就是 $120/100 = 1.2$

用风险厌恶系数，再对投资机会的"投资期望值"的公式进行修正，可得：

投资期望值 = 预期收益（率）× 向上概率 − 预期亏损（率）× 向下概率 × 风险厌恶系数 h

选择了投资机会 A，就放弃了其他的投资机会。被放弃的投资机会的期望值，就是我们的"机会成本"。我们可以从被放弃的投资机会中，挑选最大的期望值，来作为本次投资选择的衡量因子。再次修正后，可得：

路径价值 A = [预期收益（率）× 发生概率 − 预期亏损（率）× 发生概率 × 风险厌恶系数 h] − 机会成本 × 风险厌恶系数 h

路径价值 A = 预期收益（率）× 发生概率 − 预期亏损（率）× 发生概率 × 风险厌恶系数 h − Max 其他路径价值 × 风险厌恶系数 h

如果以：

$Pv(i)$ 表示路径价值；

$Ex(i)$ 表示投资期望值（厌恶系数修正后）；

$Pv(o)$ 表示其他路径价值（厌恶系数修正后），那么上述公式可写成：

$$Pv(i) = Ex(i) − Max\ Pv(o)$$

仍以贵州茅台为例，用 720 元投资茅台，就失去了投资无风险收益率为 5% 的机会，将风险厌恶系数设为 1.5，用修正后的公式计算，可得：

$$Pv(i) = Ex(i) − Max\ Pv(o)$$

$$Ex(i) = Ex（M） = 120\% − 1.94\% × 1.5 = 117\%$$

不考虑其他投资机会，假设无风险收益率 5% 为最大值，那么：

$$Pv(i) = Ex(i) − Max\ Pv(o) = 117\% − 5.0\% × 1.5 = 110\%$$

至此，用 720 元投资茅台的部分决策过程，就被我们用数学公式，以计算过程和计算结果清晰地表达了出来。

第二节 路径价值的应用

既然提出了路径价值，那么它可以解决金融理论里面的什么问题呢？

一、囚徒困境

博弈论里面最有名的是"囚徒困境"。那么路径价值可不可以完美地一次性解释呢？

著名的囚徒困境是指，两人盗窃被捕，然后被警察分开审讯。每个囚徒有两个选择——沉默和坦白。如果两人都沉默，因证据不足会无罪释放；如果一人坦白，则获刑1年，而对方因沉默获刑5年；双方都坦白则各获刑1年。

囚徒困境最著名的结论是在信息不对称的相互博弈的前提下，博弈双方追求的目标是"伤害最小化"。

现在我们用"路径价值"来解释：

每个囚徒面临两条路的选择，一条是沉默，另一条是坦白，那么每条路的期望值分别是：

Ex(沉默) = 0 − 5 = −5

Ex(坦白) = −1

两个选择互为机会成本，那么两条路的路径价值分别为：

Pv(沉默) = Ex(沉默) − Ex(坦白) = −5 − (−1) = −4

Pv(坦白) = Ex(坦白) − Ex(沉默) = −1 − (−5) = 4

用路径价值，可以很清楚地看到，囚徒在无法预知伙伴行为概率时，一定会选择"坦白"（创业成功的团队，队员之间必定充满了无比的信任）。

二、确定性效应——阿莱悖论

由丹尼尔·卡尼曼等人创立的行为经济学，在2002年首次获得诺贝尔经济学奖。但是还有许多问题没有解决，这困扰着他和一众学者、投资者。我们提出的路径价值新概念，可以更好地解释卡尼曼没有解决的关于人们的选择行为。例如，卡尼曼的"确定性效应"。

卡尼曼在实测中发现在正收益博弈决策中，大多数人选择"风险规避"，去选择"确定的收益"；而在负收益博弈决策中，大多数人放弃"确定损失"，选择概率下的风险选项。这个现象也叫"阿莱悖论"，是期望效用理论最著名的反例。

1."路径价值"完美解释

该实测的案例，真实的结果是：

决策1，在下面预期中作出选择：

a.肯定赚250美元（84%）

b.25%的机会赚1000美元，75%的概率什么也没有（16%）

决策2，在下面预期中做出选择：

c.肯定损失750美元（13%）

d.75%的概率损失1000美元，25%的机会不损失（87%）

如果按照期望效用理论，我们计算出单一机会的期望值，可得：

$$Ex(a) = 250 \times 100\% + 0 \times 0\% = 250$$

$$Ex(b) = 1000 \times 25\% + 0 \times 75\% = 250$$

$$Ex(c) = -750 \times 100\% = -750$$

$$Ex(d) = -1000 \times 75\% + 0 \times 25\% = -750$$

很明显，如果用现存的期望效用理论，可以得出决策a、b之间没有差别，人们的选择应该接近50%；同样，决策c、d之间也没有差别，人们的选择也应该在1∶1左右。理论值与实际值差别很大，只能说明理论存在问题。

我们用"路径价值"进行解释。为方便计算，在这里假设风险厌恶系数为1，先不做放大。

当必须在两条"路"之中，选择一条路走的时候，选择一条，就意味着放弃另一条。这时，两个选项互为机会成本。对"机会成本"的考量，自然进入人们的思考范围。那么，

选路径a，就放弃了多赚（1000 - 250）元的机会，其概率为25%。

选路径 b，就放弃了赚 250 元的机会，其概率为 100%。

选路径 c，就避免了多损失 250 美元（相当于收益）的机会，其概率为 75%；同时放弃了不损失 750 美元（相当于损失）的机会，其概率为 25%。

选路径 d，就放弃了亏损 750 美元的机会，其概率为 100%。

我们来一个一个计算出来，直接对比结果。

路径价值 a，Pv(a) = Ex(a) － 机会成本

Pv(a) = 250 － (1000 － 250)×25% = 62.5

路径价值 b，Pv(b) = Ex(b) － 机会成本

Pv(b) = 1000×25% + 0×75% － 250 = 0

路径价值 c，Pv(c) = Ex(c) － 机会成本

Pv(c) = －750 －（250×75% － 750×25%）= －750

路径价值 d，Pv(d) = Ex(d) － 机会成本

如果有 25% 的概率不损失，对另一个必选项路径 c 来说，相当于产生了 750 美元的收益，所以：

Pv(d) = [750×25% －（1000 － 750）×75%] － Ex(c)

　　　 = 187.5 － 187.5 －（－750）= 750

点评 1：在决策 1 中，选路径 a 可以获得 250 美元，放弃的是一个少赚 750 美元的机会，而这个机会的概率很低，只有 25%。不用太复杂的计算，人们就会做出直接的判断。用路径价值的数值也证明了这一选择是对的。

点评 2：在决策 1 中，如果将路径 b 的金额，或者概率加大，相信会影响人们的选择。

点评 3：在决策 1 中，因为只有 2 条路径，所以它们互为机会成本。如果加入第 3 个选项，第三条"路"，结果会更复杂，但是应用"路径价值"一样可以完美地解释。

点评 4：在决策 2 中，路径 d 存在"不亏钱"的机会，相当于必选路径 c，确定亏损 750 美元，绕开后产生的"收益"，这使得路径 d 的内在价值提升了，并不是看上去的"25% 的概率 0 收益"。

点评 5：在决策 2 中，路径 d 存在潜在收益，获得这个潜在收益的风险，只是"多亏 250 美元"，概率 75%，人们经过简单的计算，就能作出选择。

从路径价值的数值看，人们的选择是正确的。

点评6：如果加大亏损值，或者提高发生的概率，或者，提供第三项选择，那么人们的选择一定会改变。这个改变同样可以用"路径价值"完美解释。比如，在决策2中，加入"新选项"一项，合计三项。路径价值则可以预测，并完美解释结果。

2.引申应用

决策3，在下面预期中作出选择：

c.肯定损失750美元；

d.75%的概率损失1000美元，25%的机会不损失；

e.50%的概率损失2000美元，50%的概率赚取500美元。

同样，选择c、d和e的期望值同样为Ex(i) = -750

我们来计算选择的6路径价值，其中机会成本，写作OC（i/i），那么，路径c相对于路径d和e的机会成本都是-750，即，

OC（c/d） = -750

OC（c/e） = -750

原来选c不选d的路径价值不变，Pv(c/d) = -750

原来选d不选c的路径价值不变，Pv(d/c) = 750

新增加的变化是：

选e不选c、选c不选e、选d不选e、选e不选d，共4条新增选项。我们一一计算列出。

（1）选e不选c。

选e不选c，c给e产生的机会成本是OC(c/e) = -750

选e带来了赚取（500 + 750），50%的收益，以及多损失（2000 - 750），50%的损失，

Pv(e/c) = 1250×50% - 1250×50% - （-750） = 750

（2）选c不选e。

选c不选e，e给c产生的机会成本是OC(e/c) = 0

（2000 - 750）×50% - （500 + 750）×50% = 0

Pv(c/e) = -750 - 0 = -750

（3）选 d 不选 e。

少亏损 1000 美元，概率为 75% 的机会（相当于收益），同时失去了赚 500 美元，概率为 25% 的机会（相当于损失）。

Ex(d/e) = 1000×75% − 500×25% = 750 − 125 = 625

e 给 d 产生的机会成本是 OC(e/d)：

带来了赚 500 美元,50% 的机会, 也增加了多损失 1000 美元,50% 的可能。

所以：

OC(e/d) = 500×50% − 1000×50% = 250 − 500 = −250

那么：

Pv(d/e) = Ex(d/e) − OC(e/d) = 625 − （−250） = 875

（4）选 e 不选 d。

多赚取 500 美元，50% 概率，同时多亏损 1000 美元，50% 概率，

Ex(e/d) = 500×50% − 1000×50% = −250

d 给 e 产生的机会成本是 OC(d/e)：

OC (d/e) = 1000×75% − 500×25% = 750 − 125 = 625

Pv(e/d) = −250 − 625 = −875

我们把全部选择的路径价值排列如下：

选 c 不选 d 的路径价值计作 Pv(c/d) = −750

选 c 不选 e 的路径价值计作 Pv(c/e) = −750

选 d 不选 c 的路径价值计作 Pv(d/c) = 750

选 d 不选 e 的路径价值计作 Pv(d/e) = 875

选 e 不选 c 的路径价值计作 Pv(e/c) = 750

选 e 不选 d 的路径价值计作 Pv(e/d) = −875

我们可以根据以上三组数据，预测个人和群体的选择结果：

第一，路径 d 和 e 比路径 c，具有明显优势。多数人会选择路径 d 或 e；少数人选择路径 c。

第二，路径 d 相较于路径 e 的优势明显。路径 e 虽然带来 500 美元，50% 概率的收益，但是也带来了风险——多损失 1000 美元，50% 概率。收益风险显然不对等。所以选择路径 d 的人数比例要高于路径 e。

第三，选择路径 e 的人，应是激进的投资风格，而选择路径 c 的人则是相对保守的风格。

结合以上三点，我们预测选择路径 c / d / e 的人数比例，在 1 : 5 : 4 与 2 : 4 : 4 之间。

这是一个有趣的实验。我们在微信公众号"调研报告分享平台"发起了选择投票，实测的结果是：

①肯定损失 750 美元，10 票，占比 16%；

②75% 的概率损失 1000 美元，25% 的概率不损失，24 票，占比 40%；

③50% 的概率损失 2000 美元，50% 的概率赚取 500 美元，26 票，占比 43%。

比例为 1 : 2.4 : 2.6，接近并低于 1 : 2 : 2。

出现这个结果有三个原因：一是样本数不够多；二是投票者激进风格占多数；三是人们没有仔细考虑和计算就作出了决定。

进一步深入讨论，2 必选 1 的规定，将选择问题变形，原本决策 1 是在下面预期中作出选择：

a. 肯定赚 250 美元

b. 25% 的机会赚 1000 美元，75% 的概率什么也没有

实际转变为：

a. 肯定赚 250 美元

b. 25% 的机会赚 750 美元，75% 的概率亏损 250 美元

那么，

$Ex(b) = 750 \times 25\% + (-250) \times 75\% = 0$

而 Ex(a) 还是维持 250 不变。所以，选择路径 a 是明智的。

同样，2 必选 1 的规定，将选择问题变形。

原本决策 2 是在下面预期中作出选择：

c. 肯定损失 750 美元

d. 75% 的概率损失 1000 美元，25% 的机会不损失

实际转变为：

c. 肯定损失 750 美元

d. 75% 的概率损失 250 美元，25% 的机会赚 750 美元

那么，

Ex(d) = 750×25% + （-250）×75% = 0

而 Ex(c) 还是维持 -750 不变。所以，选择路径 d 是明智的。

从我们进一步探讨的结果看，应用了"机会成本"后，将 2 选 1 的决策，互为机会成本，就可以将复杂问题转化为简单问题，将表面看起来"期望值"一样的路径，做出内在价值的区分（当然，如果不能简化，还是老老实实计算路径价值）。

当投资者面临必选其一的选择决策时，各选项之间互为机会成本。我们再尝试将决策 3 变形。

决策 3，原本是在下面预期中做出选择：

c. 肯定损失 750 美元

d. 75% 的概率损失 1000 美元，25% 的机会不损失

e. 50% 的概率损失 2000 美元，50% 的概率赚取 500 美元

转变后的决策 3 是：

在 c、d 间 2 选 1：

c. 肯定损失 750 美元

d. 75% 的概率损失 250 美元，25% 的机会赚 750 美元

那么，

Ex(d) = 750×25% + （-250）×75% = 0

维持原来的结果。

在 c、e 间 2 选 1：

c. 肯定损失 750 美元

e. 50% 的概率损失 1250 美元，50% 的概率赚取 1250 美元

Ex(e) = 1250×50% + (-1250)×50% = 0

选择路径 e 是明智的。

在 d、e 间 2 选 1：

d. 75% 的概率盈利 1000 美元，25% 的机会损失 500 美元

e. 50% 的概率损失 1000 美元，50% 的概率赚取 500 美元

Ex(d) = 1000×75% + (−500)×25% = 625

Ex(e) = 500×50% + (−1000)×50% = −250

选择路径 d 是明智的。因为路径 e 虽然带来"赚 500，50%"的机会，但是面临"亏 1000，50%"的风险，收益风险明显不对等，是不合算的。

3.引申结论

需要比较的路径总数目，是项目数的阶乘，即 3 项的话，有 3×2×1=6 个路径要比较；4 项的话，就有 4×3×2×1 = 24 项选项要比较。当选择项增加 1 项，需要比较的路径，就增加 N 倍。

当项目数超过大脑工作的承受力之后，大脑会自动启动"简化程序"，有取有舍，并迅速得出结论。那么，大脑是如何简化的呢？只看重收益、收益率，忽视概率和风险，或者只评估事件的概率，忽视背后的收益与风险，再或者，只看重损失、损失率，忽略概率和收益。总之，重视其中的一个选项，降低了对其他选项权重的关注。

当计算过程过于复杂时，大脑就容易出错，给每个小因素，错误的"决策权重"，导致决策错误。甚至大脑根本就不知道怎么正确地处理，完全凭感觉、直觉，随便选一个。

这里证明了，面对复杂问题时，人类大脑会自动简化问题，放弃考虑全部的因素，只选择自己认为重要的因素，迅速得出应对之策，既为了节约时间，也为了节约能量。所以，投资人并不是完全理性人，只是"有限理性人"。

第三节　新概念：概率补偿

学过投资理论的人，都知道有风险溢价、风险补偿。现代金融投资理论中，有一个著名的结论：高风险高收益。引申为：要想获得高收益，就要面对高风险。因为面对了高风险，所以收益率高出市场的部分，就是"风险补偿"（该理论否定了巴菲特的存在）。

这个结论，否定了"低风险高收益"机会的存在，认为"天下没有免费的午餐"。而我们知道，现实中时不时地会出现低风险高收益的投资机会。显然，用风险补偿理论是解释不通的。就像著名的论调是"华尔街街道上不可能捡到 100 美钞"，引申结论是投资界里不应该有投资大师存在。世界级投资成功者的存在，就是无法解释的反例。

再进一步，人们对什么是投资、什么是投机争论不休。获取短期波动价差、获得利息分红、左侧交易、右侧交易等说法，都没有很好地解释投资与投机。

我们用"路径价值"，可以清楚地说明，高收益来自人们对同一事物不同的判断，总是做出正确判断的人可以成功，也即成功来自高认知，而不是高风险。同时，可以清晰地界定什么是投资、什么是投机了。这里以翡翠赌石为例，来说明路径价值对此的定性解释，后面章节会做数量化解释。

一、概率补偿的定义

一个人 A，以 10 万元买下翡翠赌石，切开，赌对了立即获得 1000 万元。

另一个人 B，以 1000 万元买下翡翠成品，放置 10 年后以 1 亿元卖出。

这就是两种完全不同的路径价值。

人 A，获得的投资回报率是 100 倍，但是发生的概率是 1%，那么投资期望值是，100 倍 ×1% = 1

人 B，获得的投资回报率是 10 倍，但是发生的概率是 10%，那么投资期望值是，10 倍 ×10% = 1

从路径价值看，两者的行为是一样的。那么区别在哪里呢？

区别就在时间！

切开赌石，只需一天的时间，所以人 A 的"年化收益期望值"是：

365 × 1% = 365%

放置 10 年，人 B 的"年化收益期望值"是：

100% ÷ 10 = 10%

同时，赌石需要的资金少，能承受的人群数量大，而且投资者心理上可以获得"即时满足"，所以投机之风很盛行。

买翡翠成品，需要放置 10 年，是明显的"延时满足"，还要求投资者拥有足够的资金，所以一般人不会参与投资。

因此，投机行为就是"期望在短时间内，获得高额、小概率回报"的行为。

投资行为就是"期望在一定时期内，获得较高概率、合理回报"的行为。

投机成功是小概率事件，必然对应一个高额的年化回报率。投资成功的概率提高，年化回报率就会降低。所以，投资与投机的核心区别，就在"年化收益期望值"，我们可以把它称作"概率补偿"。案例中的365% – 10% = 355%，就是投机的概率补偿。

类似的买彩票行为，就有明显的概率补偿心理。所以：

概率补偿＝事件1年化收益期望值－事件2年化收益期望值

概率补偿来源于认知不同。每一个人对同一事物的本质判断是不同的，从而导致了人们的行为差异，最终形成了人与人之间的区别。

概率补偿的形成机理，将在后面的论证中进行详细揭示。

二、社会科学均衡状态的幂律分布

人类认知的有关研究表明，社会科学均衡状态呈现幂律分布特征。

1932年哈佛的语言学家，发现了英语中单词被使用的词频，呈现幂律分布的特征，并在随后对其他语言的统计中，也得到同样的结果。很明显，语言的使用，是人们长期演化的结果。

社会财富的占有，也呈幂律分布。

高考分数分布。人类的智力水平从整体上看，个体之间的差异不大。可是若以高考分数替代人的智力水平，那么智力水平呈正态分布，如图1-1所示。

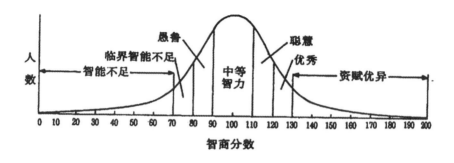

图1-1　智商分布水平估测

我们试图用高考总分成绩的"努力时间维度"来解释，说明高分是个体长时间努力的结果。

这里，我们用"知乎"上的简化模型来揭示这个过程。模型是：房间里有 100 个人，每人都有 100 元，他们在玩一个游戏。每轮游戏中，每个人都要拿出一元钱随机给另一个人，最后这 100 个人的财富分布是怎样的？

我们不妨把这场游戏，视作社会财富分配的简化模型，来模拟这个世界的运行规律。我们假设：每个人在 18 岁带着 100 元的初始资金开始玩游戏，每天玩一次，一直玩到 65 岁退休。"每天拿出一元钱"可理解为基本的日常消费，"获得财富的概率随机"是为了简化模型。以此计算，人一生要玩 17000 次游戏，即获得 17000 次财富分配的机会。

在上述规则下，游戏用计算机模拟运行 17000 次的结果。

为了方便描述整个社会财富的分配状况，我们又将财富值进行排序，如图 1-2 所示。

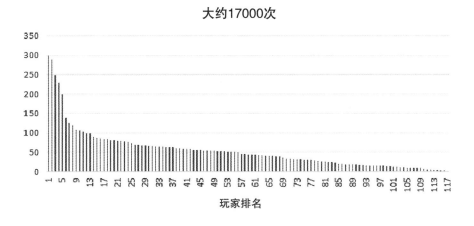

图 1-2　社会财富值排序

这个数学模型，很好地解释了正态向幂律分布，正是"时间维度"在起作用。那么，多长时间演化后，财富分配最接近幂律分布呢？近似幂律分布的结果，是在最后一刻才会出现吗？

我们以所有玩家财富值的标准差来衡量社会贫富分化程度，按时间序列来进行说明，可以看到，游戏早期的标准差变动最为激烈。而在6000 ~ 6500 轮游戏后，标准差的变化趋于平缓，也就是社会财富分布的总体形态趋于稳定了。

第 6000 ~ 6500 轮处于 17000 轮总数的 35% ~ 38% 之间。这是说，在游戏玩了全程的 35% ~ 38% 之后，出现的结果，再往后就比较稳定了，最接近 17000 轮游戏结束后的幂律分布的结果。更深入的研究发现，这个比例基本在 37% 左右。在数学上，这类问题被称作"最优停止"（Optimal Stopping）。

假设一次经济周期只有一次符合幂律分布的高收益投资机会，那么由此可以大致推断出，这样的机会出现在经济周期的上半场，时间大致在全周期的 37% 处。用这个结论去观察实际的金融市场表现，是完全符合幂律分布的。

以上结论，和美国学者布莱恩·克里斯汀和汤姆·格里菲思的著述《算法之美》得出的数学论证的结果一致。

社会科学领域的结论是动态均衡的状态是幂律分布，而不是物理世界均衡呈现的正态分布。后面的章节我们将从能量消耗、能量效率等方面论证。这里先说明幂律的结果，来源于人类个体的认知差异。认知差异体现为对事物判断的概率差异。概率差异导致了财富分配的截然不同。所以我们提出了"概率补偿"。

下面，我们用"钟摆模型"来揭示"路径价值"的具体应用。

第二章　钟摆模型

路径价值简化了投资分析，展示了投资决策的过程就是各个"路径价值"的比较。

路径价值取决于"每条路的投资期望值"，它和两个变量有关——"价格"和"价格变动概率"。那么，这两个变量之间，存在什么关系呢？当价格变高时，继续变高的概率会增加还是减少？当价格很低时，继续降低的概率，又将怎么变化？这个关系如图 2-1 所示。

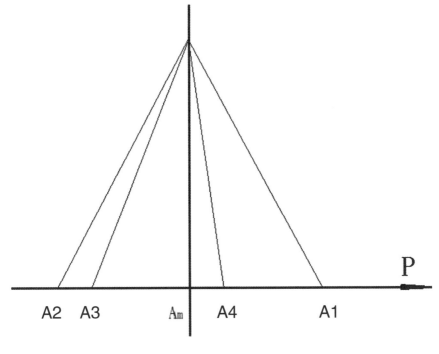

图2-1　钟摆模型示意图

单一个股的投资期望值，在 A2 点买入是最高的：收益最大，概率最大，风险最小并且风险的概率最小。同样，如果可以沽空，在 A1 点卖出的期望值也是最大。

在金融交易市场中，股票价格、期货期权等金融标的交易价格波动，可以分解成两个波动的叠加："钟摆波动"叠加"钟摆中轴 Am 的平移"。

价值中轴（钟摆中轴）Am 的平移多取决于宏观因素 —— 利率、政策等中长期因素；钟摆波动则取决于市场情绪、资金等中短期因素。

现实中，我们知道价值中轴 Am 的存在，但不能准确地计算出 Am 的位置（或者说，每个人独自得到的 Am 都不相同），能观察到的，只有价格。

假设期初价格为 A0，那么，每个投资机会的期望值可表示为：

Ex(i) = 预期收益 X 概率 P - 预期损失 ×（1- 概率 P）

Ex(i) = (A1 - A0)× P -（A0 - A2）×（1- P）

Ex(i) = (A1 - A2)× P -（A0 - A2）

注意：该公式是目前金融投资学领域首次提出的，具有里程碑意义的理论。

经过以上的推演，可以得出：

越接近 A2 的期初价格 A0，未来 (A0 - A2) 可能损失数值越低；

越低的期初价格 A0，未来上涨的概率 P 越高，下跌的概率越小；

投资期望值 Ex(i) 的数值，主要取决于标的企业自身的（A1 - A2），与期初价格 A0 关系较小。

第一节　投资因子之间的关系

一、要素一：期初价格A0

投资结果取决于"路径价值"，路径价值取决于投资期望值。

投资期望值和概率、价格两个因素有直接函数关系，表示为：

Ex(i) = f (价格，概率)

进一步，价格波动概率又取决于价格的高低。

概率 = f (价格)，P = f(p)

P-Probability，p-price

价格的位置在钟摆模型中所处越低，向上的概率越高；

价格向下波动的时间越长，继续向下的概率就越低，转身向上的概率就越高。因此，投资结果的最终直接相关因素之一：期初价格 A0。

$$Ex(i) = f(A0)$$

二、要素二：价值因子（A1－A2）

我们看到公式：

$$Ex(i) = (A1 － A2) \times P － (A0 － A2)$$

那么，（A1 － A2）是价值因子，来自企业本身，是和投资期初价格 A0 无关的、影响投资期望值 Ex(i) 的另一个要素。

价值因子（A1 － A2）中，下边界 A2 一般取决于净资产值、股息率、重置成本等因素，各个企业都差不多，近似于常量。那么价值因子的高低，就主要来自"不断向上增长的 A1"了。这就是"价值投资派"可以成功的核心因素。

那么，什么样的企业具备"不断向上增长的 A1"，具备高（A1 － A2）的公司在哪里呢？

从巴菲特的成功案例来看其特征，选择优秀的、高（A1 － A2）的公司，随着价值中轴 A0 的上移，上边界对应的价格 A1 也不断上升；下边界对应的价格 A2，只要公司不破产，基本上有一个固定值：上市所需的上市时间成本、手续成本，或者净资产、股息率、公司重置成本等内涵。所以价值因子（A1 － A2）主要取决于 A1（再次强调，和 A0 无关）。

现代市场经济中，市场分工细化，一个企业很难单独完成产品的生产，往往是由一个产业链的众多企业分工合作完成的。简单地划分为产业链上游（原材料）—产业链中游（加工设备、半成品、元器件零部件等）—产业链下游，直接提供成品的加工与销售。这样划分了以后，我们就知道，在产业链之中，往往是产品成品的生产与销售，所带来的利润最丰厚。只有极少数的、位于中游的高科技企业，拥有很厚的专利壁垒，才有高利润。

再从财务分析的角度，大致分析一下。企业利润增长主要来自"市占率提升和商品售价提升"，提供终端产品或服务的企业，其估值和产品的销售额、销售价格成正比，既提升营收又提升单价，就是"双杀"，估值提升得最快；只提升一个也相当不错。同时，企业的设备折旧、摊销、财务利息等，即生产设备、财务成本并没有随着"营收和单价"的增长而扩张。

相反，多数工业企业就不同，科技进步太快，新的生产线没几年就要更新换代，同时，模仿者跟进加入竞争，导致产品售价难以保持在高位，更别提什么"涨价了"。

所以，提供终端产品的企业和少数拥有高壁垒的中游科技企业，大概率具有高（A1 − A2）的公司。我们称之为具有"供应端掌控力"的公司。

三、要素三：风险因子（A0—A2）

风险因子（A0 − A2），在二级市场中，主要还是和期初价格 A0 相关，是投资者要忍受的心理难关，将在下边界 A2 的论证章节详细讨论。

风险因子（A0 − A2），在一级市场中，下边界 A2 为零的概率相较于二级市场的大幅提高。

决定下边界 A2 不为零，还具备高上边界 A1 的因素，只要是初创企业的管理人及其团队，所以一级市场的投资者，决策的主要依据是看管理人及其团队。

在下边界 A2 不为 0 的前提下，如果期初价格 A0 非常接近下边界的价格 A2，那么上涨概率 P 高、预期损失（风险 A0 − A2）小，预期收益（A1 − A2）将实现最大化。

所以，投资就是寻找具备宽幅（A1 − A2）的"供应端掌控力"公司（多数是终端产品提供者），并且在现在的价格 A0 接近价格波动的下边界 A2 时，进行投入。

如果把风险因子放在投资决策的最前面、第一位，那么强调期初价格 A0 要接近下边界 A2；

如果把价值因子放在核心，那么强调的就是好公司 A1。

我们的体系，就是在二级市场高波动、两个因子无法同时获得的前提下，把风险因子放在第一位。

如果将价值因子放在前面，那么较高的期初价格 A0，会使投资者的实际体验感很差，并且降低最终的投资回报率。

四、要素四：概率因子P

价格波动的概率 P 取决于期初价格 A0 所处的位置，是投资人群心理、投资市场信息传递、宏观经济货币流动等多重因素综合决定的。

价值投资、一级股权投资等优先考虑价值因子（A1 - A2），趋势投资、量化交易等派别，则是优先考虑概率因子 P。

五、四要素因子对真实投资现象的解释

用这四个因子，我们来解释一下真实的投资现象。

1. 长期持股获得好结果的行为解释

如果选择在 A1、A2 之间的任一不接近 A2 的价格点做投资，那么该投资项目的投资期望值不是最高，且市场波动风险较大，可能从短期来看，回报率不高，甚至收益为负。

如果标的选择正确，投资了一个价值因子好的、具备不断提高上边界 A1 的好公司，通过忽略（A0 - A2）的短期波动，通过较长的时间（较低的年化收益率），那么也能获得好的结果（巴菲特的长期持股行为的解释）。

2. 分析数据来源的解释

从投资逻辑上讲，寻找宽幅价值因子（A1 - A2）的具有供应端掌控能力的公司，是从企业基本面本身寻找，是已经存在的事实而非想象。分析的数据来源于二级交易市场之外，就摆脱了二级市场价格波动对投资情绪和心理的影响。同时，期初价格 A0，又作为单一市场因素，被纳入公式中，做到了基本面和市场波动的完美结合。

现实里，一般人的做法：就是自己判断的价值中轴价格 Am，然后与即

时的市场价格 A0 比较，如果现价 A0 低于自己内心判断得出的 Am，再叠加自己判断的，未来存在的上限 A1，差距较大的话，就是机会。

很明显，非专业投资者，基于个体独自做出的模糊推断的 Am 和 A1，作出一个决策，大概会出错。投资结果可想而知。

下边界价格 A2 就不同，一个企业的重置成本、股息率、净资产，或者实现上市所需时间成本、交易成本、公司控股成本等，在一定时间内，不会发生大的改变，是基本固定、确定的（如果再加上一定的安全边际，非常容易得出确定的结论）。

投资者基于对一个相对固定的 A2，做出和 A0 的比较，准确率将大幅提高。

所以，人们在决策之前，应该搞清楚自己的判断，其计算的是 Am、A1，还是 A2。在起始点避免了错误决策，可以回避投资风险。

3. 短期动量取决于概率因子 P

趋势投资为什么总是看起来也是"有效的"投资手段？量化交易为什么在投资界也是成功的存在？

因为当优先考虑价格波动概率的时候，信息的传递、投资决策、人群行为趋于一致，所以市场热点存在一定的"持续期"，投资者可以立即得到"投资回报"。

从长期看，因为价格波动周期性的存在，价格变动的拐点必然会出现，人类的大脑无法每一次都能做到提前回避这个拐点，所以趋势交易者多数不会投资成功。但是量化交易通过电脑模型完成交易，避开了人类大脑思维的"陷阱"，最终有可能获得长期、稳定的投资结果。

一个比较容易理解的例子就是天气预报，虽然现代科技已经给人们提供了大量的观测数据、卫星云图等，可对于几天之内的天气预判，仍然不能做到完全准确，就像投资者对股价的短期波动进行预判，有时准有时不准；但一年四季的规律却是不变的，就像长期的确定性一样。

现存的趋势投资、技术分析等短线交易者，就是假设价值因子（A1—A2）短期内不变，通过价量等动量因子，来追求高的概率因子 P。

综上所述，钟摆模型从理论上揭示了投资的真谛：

——选择具备高 A1 的优秀企业，就是把短期市场价格波动的不确定性，转化为长期价值不断增长的确定性；降低概率因子在投资决策中的权重，重在高 A1，就是目前的"价值投资"流派。

——选择在短时间内假设（A1 – A2）价值因子不变，忽略期初价格 A0 所处的位置，只看重 P 概率因子，就是老旧的"趋势投资、技术分析"和新潮的"量化投资"。

——既然选择接近 A2 的低价格 A0，就是选择了高的上涨概率 P，从而把局部的随机性转化成整体的确定性。又同时加大了对企业基本面的研究，挑出具备高 A1 的企业，就是我们——天鹅一派。

当我们把风险因子放在第一位，从逆向思维上看，既降低了风险又提高了概率，是最终能稳定盈利的基础。

第二节　投资期望值的定性应用

这里我们需要借鉴成功者的经验，从各个层面来挑选高价值因子（A1 – A2）的标的公司。

我们从实战中得到以下几点体会。

一、财务指标

笔者自行研究得出，从财务指标上看买进优秀公司的时机。一般高毛利高净资产收益率的公司是好公司。但是双高的公司对应的股价，也在高位。是个好公司，但不是个好时机或者说好价格。那么如何从财务指标上来挑选时机，或者说在低价格的时候挑出好公司呢？我们的看法是，高毛利率加低净资产收益率的低价格公司。

高毛利率说明企业有竞争优势，低净资产收益率说明企业存在一些可以改进的问题，改善了就会变好。比如，新融资进来的资产还没有发挥作用、管理上比较保守，财务杠杆低、运营层面有待改进，成本控制不好、营销费用支出大，效果还没有凸显出来等，如图2-2所示。

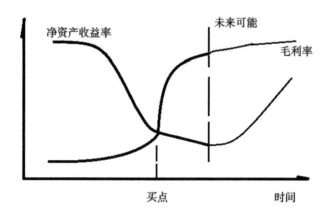

高毛低净分析

高毛低率是前提　**低净资产收益率要分析**

A.新融入了资本（分母大了）

B.费用高（分子小了）

C.新产品良率低，规模小（分子小了）

D.一次性计提减值（分子小了）

E.待补充……

图2-2　高毛利率和低净资产收益率同时出现示意图

二、供给端掌控力

从供需平衡上看优秀公司的选择。社会新需求 —— 消费新习惯、新技术下的新产品的涌现，是否一定会带来投资机会呢？这要分两种情况：一是行业壁垒、技术壁垒低的，大量资本涌入该行业，那么一定对应的是"低价竞争"，企业的利润被分食，呈现"需求旺盛、各家难受"的局面；二是供给端受阻，投资标的独掌核心技术（或任何竞争对手一段时间内，如3年以上无法进入的关键因素），在需求爆发的背景下，唯一可能出现的结果就是涨价。

例如大家熟知的茅台，其成为大牛的核心，就是牢牢掌控了供给端，需求平稳时企业稳定，一旦需求起来，茅台酒的价格自然上涨。

再如房地产行业，从拿地、设计、施工到封顶（封顶才可预售），至少有个两年的时间差，一旦需求上来，只能是在购房者哄抢之下的"涨价"。

再以我们在2020年投资的诺德股份600110为例，证伪环节这里略过，对未来的判断中，最核心的是"生产铜箔的核心电极辊"，需要从日本采购，从下订单到拿到电极辊，最快需要两年时间。一旦新能源车产业对电池铜箔的需求上来，唯一的结果就是铜箔涨价。

所以，判断一家企业不断增长的A1，成为牛股的核心要点之一，就是看供给端的掌控力。

相反，需求爆发不一定意味着企业就会爆发，这里比较明显的例证，就是中国纺织服装业的上市公司，需求很多，但始终是"红海"，没有一家独大的品牌。同样，粮油生产企业也有相同的特点，品牌的可替代性很高。例如，某食用油的股票，上市后未见业绩持续增长，股票价格表现并不出众，一路回落。

在实际的投资中，首先论证的是"供给端掌控力"——有没有时间壁垒、审批核准壁垒、技术壁垒、服务壁垒、品牌壁垒等，审批、产品实测检验、品牌、市场进入门槛、专利垄断、规模效应、售后体验、黏性（客户转换成本）等，都是供给端掌控力的实际体现。其次才是论证未来的需求端会不会发生重大变化，有没有爆发式增长。再次就是考察、搜寻业绩证据会不会出现，或者业绩的领先指标——产品售价有没有变化、产品销量有没有大幅增长。最后，如果没有看到产品售价涨价，当需求端爆发时，产品的制造成本是否大幅下降，这样维持原价也能带来利润的大幅增加。2012年的欧菲光（002456）就是在生产规模起来后，产品的良率大幅提高，售价不变，利润率快速上升，带来了一大波上涨行情，如图2-3所示。

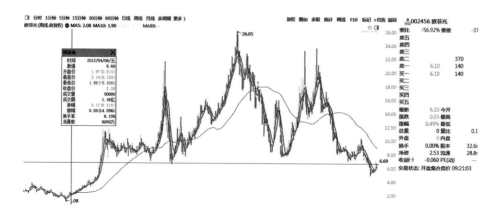

图 2-3　欧菲光在2012年手机触控屏的良率变化带来的效应

三、大资金认同

从中美两国股市的历史数据看，长期走牛的投资标的呈现"被公募基金重仓持有、拥有品牌"等特点；10 倍股还存在于强周期的企业和移动互联网技术后的平台型公司。

如果投资者提前发现，然后看到公募基金在不断增持，那么投中这样的标的，就不要轻易下车了。

四、其他

下面我们采众家之所长，引用、列举了一些我们比较认同的对企业的选择标准，供大家参考。

通俗地讲，投资成功的概率，要看投资者的格局。这个"格局"可以理解为大范围的抉择，类似于得到公司梁宁老师的"点、线、面、体"的选择。

"体"，属于全球资产配置，资金应该配置到哪个经济体的决策。（这一点，目前可利用的数据是：股市总市值和经济体 GDP 的比值，以及货币供应总量和经济体 GDP 的比值）

"面"，属于行业的范畴。如果一个面整体兴起，那在这个面上的企业，都会受益。如何判断一个"面"的兴起呢？后面我们引入邱国鹭的投资思想来试图捕捉一些蛛丝马迹的特征。

"线"，无疑是指行业中那个"增长最快"的企业了。龙头企业，财务指标，也会有一些可借鉴、可分析的帮助。

"点"，就是具体的标的。一个点再好，如果"面"在衰落，那么点的发展，必然会受到影响，导致最终的收益率降低。

比如说，将投资重点放在了经济不发达或政局不稳定地区，就是在"体"的决策上，大概率是错误的，是低格局的，即使选对了具体的某个"行业"（线）、某个企业，选对了下面的"点"，结果也不会太好。

1.VRIO 模型

现存的经济理论中，用 VRIO 模型（清华薛兆丰教授）来评估公司的好坏。

价值因子取决于 A1，无疑找到优秀的企业（成长性），就会有较大概率下的高价值因子 V。

优秀企业的成长性，只能定性地用四个方面的评判标准来推测其 A1。分别是：

经济价值（Value）、稀缺性（Rarity）、难模仿（Inimitability）和组织（Organization）。

经济价值指的是企业产品带来的收益、市场空间等因素；稀缺性很明显是指行业中类似企业的数量（红海蓝海）；难模仿则是指垄断、技术壁垒、工艺壁垒等；组织则是看企业管理层的管理能力。

这四个核心因素，如何量化地打分？每一项的权重应该是多少？目前还在探索之中，没有成熟的定论。

初步讨论，开放的市场中，只要看到机会，就会有资金投入。所以，稀缺性一般很难持久，除非是难模仿的。因此，稀缺性可以并入难模仿。可是，作为一名普通的投资者，对于企业的难模仿，很难在专业程度上做出精准的技术性评价。

组织是指优秀的管理团队，是最难量化分析的部分了。

进一步，高毛利率可以说明盈利能力和难以模仿的定价权；市占率第一而且还有增长空间，可以推测未来收益。市占率第一往往对应着企业产品的品牌被认可。

难模仿的企业，在市占率的份额分布上，应该呈现幂律分布，即所谓的"赢家通吃"，自己是第一名，第二名的市占率落后很多。第一名的市占率等于第二、第三甚至包括第四名的市占率之和。

如果市占率呈现正态分布，前几名的市占率有差别，但是市占率落差不大，则每一名 TOP5 企业都不是难模仿的。

从整体上看，VRIO 模型是学术理论，应用到真实的投资实践时，还有很多内容需要补充，可以作为投资的基础知识。

2. 来自邱国鹭的《投资思想解读》的内容

知名投资人邱国鹭的投资思想中，也有一些优秀的闪光点可供参考。

如果把投资比作项链，那么投资理念就是线，对公司、行业的具体知识就是珠子。只有珠子没有线，是行业专家；只有线没有珠子，是投资学家；若两者只能选其一，对研究员来说，珠子更重要；对基金经理来说，线更重要。

只有行业投资专家，才能将两者有机地结合起来。

首先，从行业看。

行业集中度持续提高的行业，容易出牛股；相反，如果越来越分散，说明门槛不高，一般是各领风骚两三年。

行业里的龙头股的数量，若像月亮一样数得过来，就容易出牛股，最好是"月朗星稀"，一家独大；相反，如果企业多得像星星一样，很难挑出最亮眼的；最不利的局面是"百舸争流"（要么唯一，要么第一）。

新兴行业看需求，传统行业看供给。例如钢铁行业，当去产能导致供给下降时，存活的企业受益。

几类投资陷阱：

（1）以高估值买入新兴行业而落入成长陷阱的，是沉迷于"未得到"。

成长性陷阱有共性，"成长的不可持续性"，包括估值过高、技术路径踏空、无利润增长、资金链断裂、成长性破产、盲目多元化、树大招风、新产品风险、寄生式依赖、强弩之末、会计造假等。

（2）以低估值买入夕阳行业而落入价值陷阱的，是沉迷于"已得到"。

价值陷阱有个共性，"利润的不可持续性"，包括被技术进步淘汰、赢家通吃行业里的小公司、分散的重资产夕阳行业、景气顶点的周期股、会计欺诈。

钢铁这类夕阳行业有可能是价值陷阱；计算机、通信、电子等技术变化快的行业，同样不适合越跌越买。

相反，食品饮料适合逆向投资。医药股是个能出大牛股的行业，但切忌以板块配置的思路去投资。

（千万不要错把周期当作成长。投周期产生了盈利，从而修正判断至成长，然后一路持有。）

（3）要判断一个行业，不妨做个填空题"这行业是得××者得天下"，来概括这个行业竞争的核心内质。例如，基金业是得人才者得天下，高端消费品是得品牌者得天下，低端消费品是得渠道者得天下，无差异中间品是得成本者得天下，制造业是得规模者得天下，大宗品是得资源者得天下。

其次，从企业本身看，门槛与团队。

好公司的两个标准：一是它做的事情别人做不了；二是它做的事情自己可以重复做。前者是门槛，决定利润率的高低和趋势，后者是成长的可复制性，决定销售增速。如果两者不可兼得，宁要有门槛的低增长（可持续），也不要没门槛的高增长（不可持续）。

门槛是现有的，好把握；成长是将来的，难预测。多数人喜欢成长，但笔者喜欢门槛。成长是未来，难以预测；门槛是既成事实，易把握。

门槛。需要执照、品牌优势、技术专利、生产优势、规模优势、稀缺资产等，把后来竞争者挡在门外。

团队。小公司很容易陷入"个人英雄主义阶段"，管理层的素质和道德水平很关键，调研时可观察中层是否崇拜董事长。大公司就是文化和机制重要。从公司的考核体系 KPI 可见一斑。

结果。好的投资标的是已经把竞争对手打趴下的立，而不是在百舸争流中去猜那个胜出的。特别是在新兴行业里挑选，要注意这一点，就像投简历，你愿意投幼儿园还是中学毕业生？幼儿园什么都不定，考上名校的中学毕业生，大概率成功。名校的大学生，价格一定不会低，但还有不确定性。如果能进入好行业、好公司，工作三年，晋升快，就是比较确定的优秀结果。

品牌。差异化竞争的第一个标志是品牌，同质化竞争的品牌辨识度不高。

品牌包括两项内容：知名度和美誉度。（美誉度是指客户消费体验）。最好的品牌是可以请客送礼的品牌。

品牌还有一个转换成本，或者说替代成本的问题。（如果替代成本很高，用户的品牌忠诚度就高，黏性好，对价格的敏感度相对就会低一些。提高价格用户也不会流失。）

差异化还有一个因素是服务网络。（这个是指美誉度中的用户体验、售后服务好不好，以及企业为做好售后所投入的成本）这个既有企业投入，还有产品本身的特点，销售半径小的，比如水泥、啤酒、房子就容易有品牌效应，半径大的，比如食品、饮料、钢材、手表就不容易有品牌（一旦有了，很难攻破，比如茅台、瑞士名表）。

3. 来自格林布拉特的《魔法公式》的内容

这是一个完整的金融量化工程的工作过程展示。

乔尔·格林布拉特（Joel Grinblatt）在 1985—1994 年的 10 年里，管理的对冲基金净值翻了 52 倍，平均年化收益率 50%。

他用的两个指标是资本回报率和盈利收益率。

格林布拉特把巴菲特的一句投资名言进行量化，这句话就是"用平常的价钱买一家很棒的公司，远远强过用很棒的价钱买一家平常的公司"。如何用数学，或者说财务指标来衡量、体现"平常的价钱"和"很棒的公司"？

第一个公式用来寻找"很棒的公司"，用"资本回报率"（Return on Capital）来衡量。计算方法是用扣除利息、税收前的利润，简称 EBIT（Earnings before Interest and Taxes），除以公司有形资本（不包含现金）。资本回报率越高的公司质量越棒。

第二个公式用来衡量"平常的价格"，用"盈利收益率"（Earning Yield）来衡量。计算方法是用刚才说的 EBIT 除以公司价值。公司价值就是公司股票和债券的总市值（EV，Enterprise Value）。盈利收益率越高的公司，价格越划算。

具体做法是个量化工程。首先计算出美国每家上市公司的资本回报率和盈利收益率，并依次从高到低排名，然后将两个排名的得分进行简单加总，再买入总排名最高的 30 家公司，并持有一年。一年后再重新排名，交易完成后再持有一年，依此类推。

格林布拉特发现，这个策略在 1988—2004 年的年化回报率为 30.8%，同期标普 500 指数年化回报率为 12.4%。

4. 七大财务指标优选

第一，据东方财富 Choice 数据统计，总市值在 100 亿元以下的公司股票有明显的超额收益。

第二，毛利率低于 20% 的企业相对表现要差很多。

第三，三年净利润复合增长率超过 30% 的企业有比较明显的超额收益。

第四，资产负债率超过 60% 的企业，相对表现收益较低。

第五，流动比率低于 1 的企业，同期股价表现要远远落后于其他公司。

第六，预期净利润增长率超过 30% 的公司，股价表现上要好于净利润低增长甚至负增长的公司。

第七，市场关注度排名在后半区间的股票，相对容易获得明显的超额收益。

小结：

同时满足总市值小于 100 亿元、毛利率大于 20%、三年复合净利润增长率大于 30%、资产负债率小于 60%、流动比率大于 1、预计净利润增长率大于 30%、关注度排名在 1400 名以后这七个指标，60 日相对大盘收益平均值达到了 50%。

在缺少某一指标限制的情况下，其他六大指标的任意组合可以达成的平均超额收益。根据数据显示，七大指标中"总市值"表现最为抢眼，除了总市值之外的指标表现比较接近。由此可见，总市值是证券投资中的核心。

5. 巴菲特的护城河

巴菲特作为投资界的传奇，可谓人人皆知。可是价值投资却是非常难模仿，关键在于细节。关于巴菲特的"护城河"之说，这里抛砖引玉，有兴趣的朋友可深入研究。一个好企业的护城河，具有垄断性（定价权）、稀缺性（渠道、专利或品牌）和时间性（追赶需要较长时间）。

我们根据巴菲特投资的特点，提出了好标的的特征是：要么唯一，要么第一；拥有供应端掌控力。

朋友们也可以继续总结、添加。

6. 来自吴军的《信息论 40 讲》的内容

吴军是硅谷投资人，主要是投企业一级创投股权，其对企业未来价值的判断，也可以应用在二级市场对企业未来成长性的判断上。

"这两年，一些地市的领导和我讲，我们打算布局智能硬件的制造，我说，20 年前你看那些产品和技术觉得很高大上，5 年后它们就是充电器的技术含量。"

"不具有太多技术含量的所谓智能硬件其实不值钱，比如说，制造低端传感器的企业，制造非智能摄像头的企业，制造 RFID 芯片和读写器的企业等。这些企业，就如同在 PC 时代制造机箱电源，智能手机时代制造充电器的企业一样。当这些低端硬件数量增加后，单个产品的价格还会下降。

在前两代互联网发展中受益的设备制造商，都是做系统的。做好一个系统是有难度的，因为系统的表现不等于部分之和，只有那些有本事做到整体大于部分之和的企业，才能在系统这个层面赢得竞争力。

今天炙手可热的和移动互联网相关的设备企业，都是系统做得好的。更早之前，受益于 PC 互联网时代的，是整机公司，不是生产主板和键盘的。

今天这个趋势其实已经可以看出点端倪了，中国过去有不少生产普通摄像头的企业，都没有受益于中国监控产业的发展，它们甚至将摄像头白送给银行或者一些要验证身份的企业使用，以换取极微薄的服务费或者一点点数据。

而真正挣到钱，而且受到资本市场追捧的，是制造具有目标识别功能的智能摄像头的企业。一个智能摄像头的价格，是普通摄像头的 50 倍。"

总结吴军的投资思想，投资者如何判断一个企业的成长性？做系统的企业要好过只做硬件，或者软件的单一企业。当一个做系统的企业，能做到整体大于部分（硬件和软件）之和，就是优秀的企业。

一个只做单一硬件或者软件的企业，能不能转型升级为做系统的企业，就要看领导团队的思维认知和管理能力了。华为就是最明显的例子。做程控交换机明显是一个企业、公司的配套硬件，只有做出华为手机这个自带系统的终端产品后，才成就了其辉煌。同样地，万科从纺织原料布匹转型的房子和物业体系，也是例证。而美的、格力从一开始就是做软硬件的系统企业。

具体应用到二级市场，选择标的时，就可以将众多为"某系统"产品供货的、技术含量不高的简单制造型企业标的排除在外，而主要考虑具有完整系统的、终端产品企业标的。所以我们看到，二级市场的牛股，很多都是拥有自己品牌的企业，这些企业多数是在产业链的最末端，直接面对大众。因为在复杂的系统面前，"品牌"作为一个独立、唯一的代表，容易被市场、被需求者牢记，如茅台、美的、格力、苏泊尔、老板电器、涪陵榨菜、波司登、七匹狼、香飘飘、海天味业、绝味鸭脖等。

7. 来自亚马逊的"五力飞轮"平台型公司估值

近年来移动互联网兴起，造就了一大批新型平台类公司。这类公司的最显著的特点是获客效率极大提高、获客成本大幅下降、客户边际成本接近零。公司的运营出现了亚马逊贝索斯的"飞轮"，如图2-4所示。

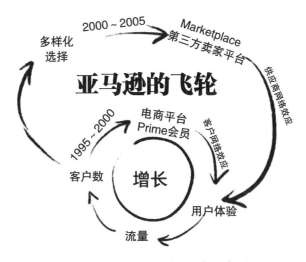

图2-4　亚马逊的飞轮估值示意图

贝索斯在股东的信中说："我们为什么不像大多数人那样，首先关注每股盈利的增长？答案很简单，盈利并不能直接转化为现金流，股票价值是未来现金流的价值，而不仅仅是未来盈利的现值。"

亚马逊重视客户的消费体验，重视客户的总流量（总数增长、停留时间增长、客单金额增长等），形成了对移动互联网下平台公司的新估值方法。

国内对应的公司有腾讯、淘宝、滴滴、美团、京东等。

第三节 投资期望值的比较应用

投资需要一个低的期初价格 A0。如何判断当下的价格是不是一个低价，这是投资者在决策时面临的最困难的问题。

价格的高低，有两层含义：一是相对的高低；二是绝对的高低。

价格相对的"高低"，又分为两个层次：过去和未来。

一、过去

不论价值因子 V 的内涵如何，先看看现价 A0 相对于过去一个月的、一年的、三年的，甚至五年的价格，是不是足够低。如果价格足够便宜，这就可能是一个投资机会；如果不是在底部位置，那么可以直接放弃，不用再浪费时间。

这一点非常客观，直接比较已经存在的历史数据即可，简单明了。

短线的例子就是"宁波敢死队"，其充分利用了这一"相对低点"：当市场价格和过去的几天比，已经便宜了 30%、50%，或者 70% 的时候出手，用资金优势吸引别人跟风。不考虑现在和未来的其他因素，只进行短期的投机。

长线的例子自然是巴菲特，在市场发生危机的时候，价格跌到好几年的最低点，开始买进。

二、未来

一是未来的价格会走高。未来的价格会不会走高？有什么可预见的因素，会在未来出现，促使价格上涨？例如，企业产品市场占有率的提高、产品市场的扩大、生产技术的提高、产品合格率提升、行业政策的倾斜、国家政策的改变，这个需要对社会、经济、人性有深刻的理解，才能作出正确的预测。对宏观经济和企业基本面深入、准确地分析，既是索罗斯也是巴菲特擅长的领域。换成我们的俗语就是"炒股就是炒未来"。

这一点比较难判断，因为其中有太多人为的因素了，每个人可能得出的结论都不一样。

投资者学习巴菲特，往往对这个"未来的内容"极度重视，忽视了"好标的"的前提"价格低"。即使一个好标的，如果投资者买在高位，那么长期持有的结果可能是"解套"，或者较小的回报率。

二是现在价格绝对的低。投资者面对的现在价格 A0，是不是绝对的低值，需要比较金融市场以外的客观数据，各种财务指标的分析，股息率、净资产市净率、盈利情况的市盈率、企业成长性的市销率等企业基本面的兜底因素和造成股价下跌的因素是否继续存在、同行业龙头企业的估值比较等外围因素。在已经很低的基础上，还有折扣存在，其实就是巴菲特提及的"安全边际"。

现在，说白了，就是拿现价 A0 和当下的企业真实存在的各种数据作比较。数据是客观存在，但投资者的难点是，如何考虑每个数据项的权重，即以哪个数据作为决策的最核心因素。

因为市场的疯狂总是超出理性人的预期，已经跌破净资产值了，还有可能再打 6 折；总市值已经低于企业一年的盈利（或者营收）了，还会再打 5 折。

市场到底会打几折，安全边际到底应该有多宽，无人可以提前知晓，所以巴菲特在出手后，也经常出现短期被套、产生浮亏的状况。

博弈。当投资者试图去分辨价格的高低，实际上就是希望搞清楚在和群体博弈时，自己所处的位置，是不利、有利，还是占尽优势。

只有远低于二级市场平均价，甚至低于大股东、大机构的价格，才是占尽优势的博弈之位。

占尽优势之位，平时是不会出现的。只有对方迫不得已之时，才会出现。这才是真正的"投资机会"。

小结：价格是投资者付出的，价值是投资者得到的。但是价值无法准确判断。投资者能控制的只有眼前的价格 A0。

回到实际的投资决策上，一个好企业的低价格，投资的期初价格 A0 应该是：

①三年以上的低价（符合理查德·塞勒的长期反转效应）；

②造成低价的因素已经消失；

③用股息率、市盈率、市销率、市净率、自有现金流等各种财务指标考量，都不高，和行业龙头企业比较存在明显的估值差异；

④未来存在可以预见业绩改善的驱动因素；

⑤存在大股东回购方案，或者不存在大股东、企业董监高的减持行为。

历史案例：当以低价格为首要因子时，会发现：

①三聚氰胺事件下，买入 7 元的伊利股份（持有到现在，除权除息后，成本为负数），如图 2-5 所示。

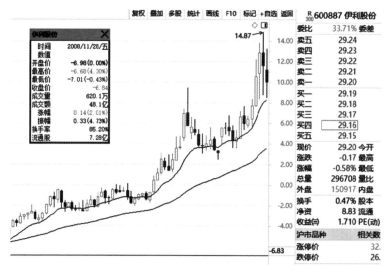

图2-5　三聚氰胺事件后伊利股份股价表现

②白酒塑化剂事件，2016 年国家推出熔断机制下，两次绝佳的买进贵州茅台的机会，如图 2-6 所示。

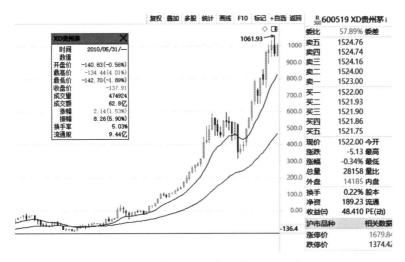

图2-6 利空事件后的贵州茅台股价表现

③索罗斯攻击英镑，因为英镑高估，1英镑当时高达兑2.2美元。

④巴菲特历次成功的案例，都是在发生系统性风险后，在很低的价位，买入好企业。

类似的案例还有很多，全部都以寻找低价的投资机会为前提。

进一步，如果在低价（可证伪）的前提下，再能找到"供给端掌控力"的标的，就是一次不错的投资机会，如2020年年中的诺德股份（600110）。

2020年年中，在公布了2019年年报后，我们看到诺德股份的会计损失已经全部计提，前面股价下跌的利空因素可证伪，也已经消失。前往实地调研后发现，企业需要定增，扩产锂电池用铜箔。生产锂电铜箔的阴极辊需要从日本进口，时间至少两年。有很高的"供给端掌控力"，因为一旦锂电池需求上升，竞争者想加入市场，也不可能立即形成产能。

于是决定：在诺德股份当时6元以下总市值50亿元左右的时候，投资诺德股份。幸运的是，2020年国庆节过后，国家出台了新能源车政策，刺激了一大批新能源车的产销，带动了对锂电铜箔的需求。

因为锂电铜箔的产能跟不上，所以只有涨价，作为先发的诺德股份，实实在在地享受了这个政策红利，股价也在2021年9月份冲上了最高的25元左右。这是一次投完不久就大涨的近乎完美的投资案例，如图2-7所示。

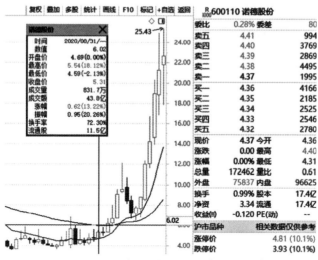

图2-7　2020年诺德股份投资机会分析

第四节　投资期望值在二级市场的引申应用

投资期望值公式：

$Ex(i) = V \times P - R$

价格上涨概率：P

价值因子 $V = A1 - A2$

风险因子 $R = A0 - A2$

我们看到投资受到价值因子 V、风险因子 R 和上涨概率 P 的三重影响。不同投资流派所着重分析的要点不同。

①重点论证下边界 A2 不为 0，是从标的净资产、重置成本、股息率、安全边际、公开上市成本等偏资产价值的数据分析出来的。这正是"价值投资"流派所倚重的。

②上边界 A1，可以随着企业经营的不断成长，逐步上移。那么，上边界 A1 取决于标的的企业的成长性、垄断性、稀缺性等，标的企业产品的成长性指标，是"投资成长性"流派的主要依据。

③假设在短时间内，企业的价值因子（A1 - A2）不变，只追求高概率 P 的投资方法，就是技术分析、趋势投资。在信息技术发达的今天，把手工

的统计分析工作，交给了量化模型，人工智能 AI 软件来处理数据分析工作，就诞生了"AI 量化交易投资基金"。

④期初价格 A0，决定着最终的收益率，上涨（成功投资）概率 P 和预期损失，是投资成败决策的关键依据。

将价值因子 V、风险因子 R 和上涨概率 P 的三重因子，统一到一个数学公式，进行数量化的精确分析。

投资期望值公式：

$$Ex(i) = (A1 - A2) \times P - (A0 - A2)$$

该公式不但指出了投资决策的关键点是期初价格 A0，也清晰地对价值投资、成长投资、趋势投资等作出了准确界定。

关于钟摆模型，还有很多疑问要解决，我们将在后面的章节，逐个分析、处理。

第五节　投资期望值在一级股权投资市场的引申应用

我们的投资期望值公式：

$$Ex(i) = (A1 - A2) \times P - (A0 - A2)$$

既然该公式可以作为投资的底层公式，那么在一级股权投资市场上，是否也是正确的呢？

首先，笔者并不是非常熟悉一级股权市场，这里只能简单分析一下。

其次，再看风险因子。在一级股权投资市场中，下边界存在两种情况，一是不能上市并破产，则 A2 为零；二是不能上市，但公司还存在，继续运营。A2 值很低，但是不为零。

作为风险预评估，取最大值，A2 降为零。则：

A0 越低，风险因子（A0 - A2）越小，即投资价格越低，投资风险越小。

接着看价值因子。如果被投资的标的公司被大公司整体收购，或者成功上市，作为投资者持有的股权，是可以退出的。那么，价值因子（A1 - A2）中，A1 就会出现一个较高的，大于零的数值。

最后，看价格上涨概率 P。这里是和二级股权市场存在差异的地方，上涨概率 P 和投资者的期初投资价格 A0，只存在"弱相关"关系，和创业企业的其他因素，存在强相关关系，如项目本身、管理团队、生产技术等。所以，一级股权市场的投资者，更看重的是"赛道""创业团队""技术领先地位""企业管理水准""财务安全""回购保证条款"等，而非期初价格 A0 的其他分析方式。

我们的底层投资公式：

$$Ex(i) = V \times P - R$$

价格上涨概率：P

价值因子 V = A1 - A2

风险因子 R = A0 - A2

也是可以应用在一级股权投资的投资分析上的。

本节小结：

投资需要"好企业"+"好价格"两个核心因素。

一级市场股权投资、风险投资的"第一张"骨牌，是"好企业"，只要企业优秀，其他问题都可以解决。

二级市场股票交易，极致地追求低风险高收益，那么第一张骨牌，就是"好价格"。

一级市场如果强调"好价格"，那么可能面对大量"便宜的烂西瓜"，一发不可收。

二级市场如果只投"好企业"，那么可能要忍受较长时间的"浮亏压力"，要么扛不到时间，要么较长时间的持股，大大拉低了投资的"年化收益率"。

第六节　关于钟摆模型和期初价格的补充

作为创新理论，很多人可能存在大量疑问，所以我们先说明一下。

1.钟摆模型中的边界 A1、A2 的存在性论证

价格波动的上下边界，是客观存在的事实，是由"事物发展的周期性"决定的。这一点，我们将在后面的章节进行论证。

2.期初价格 A0 出现在 A2 附近的原因分析

价格 A0 在 A2 附近出现时，对手盘的"犯错"原因，是由各种心理谬误导致的。我们在后面的章节来详细揭示。

3. 期初价格 A0 在 A2 附近的频次分析

我们作为"有限理性人"，多数情况下不会犯大错。那么，出现"A0 靠近 A2"的频率，会是怎么样的呢？我们在后面的章节进一步解释。

4. 期初价格 A0 在 A2 附近的论证逻辑：证伪

我们将在投资逻辑的章节，仔细论证。

5. 价值中轴 Am 和摆动路径的不可测

投资者都知道"价格围绕价值波动"，所以绝大多数投资者都在努力寻找论证价值中轴 Am 的方法。实际上，价值中轴是不可能通过提前论证得到的，即使偶然一次测对，也根本无法保证后面可以连续测准。因为价值中轴除了受当时的无风险利率、银行的贴现率、社会整体的资金总量、企业自身的成长速度、所处行业及相关上下游的状态影响，还受到全社会的政治、军事等因素的影响。

摆动路径也是同样的道理 —— 不可测，除了上面的因素，还要受到投资群体的情绪、主导资金的判断、新闻媒体的"误解读"等影响。全部因素都在起作用，可我们永远不知道某个因子在当下所占的权重是多少，是最主要的还是已经"没那么重要"。就像沙粒堆崩塌实验一样，什么时间，或者说累积到多高就会崩塌，不可测。

面对市场每日的进展，很多时候会让普通投资者产生"怎么会这样"的不解，甚至对市场的被动表现感到不可理喻。

多年的实践证明，凡是去预测"价值中轴""摆动路径"的投资者，最终都遭遇了失败，所有的努力付出均"随水东流"。很明显，这是在用"机械论"去解决群体性问题。

这也是我们提出投资"群论"的前提。

第三章　周期性论证

关于金融市场的周期性，最有名的就是康波周期理论了。该理论因为周金涛的几次准确预测而为国内熟知，其名句为"人生赚钱靠康波"！

遗憾的是，人们能观察到、统计到经济周期的存在，但是如果只是相信统计结果，没有发现系统地论证"金融周期"的必然性，没有找到因果关系、逻辑关系，没有发现内在的本质原因，那就不够严谨，称不上专业，必然会导致投资上出问题。例如，人们按历史数据统计出房地产市场的一个兴旺周期是 10 年，那么到了 10 年房地产市场就一定会由盛而衰吗？这时候就一定要大举做空房地产公司的股票吗？再如，假设统计到某国一次经济发展周期是 20 年，那么到了 20 年，社会经济就一定会兴旺起来吗？从而呼吁人们都去投资工业原材料里的钢铁、煤、铜等公司吗？

投资者容易完成的是相关性，但真正缺乏的是因果性。相关性是统计规律，因果性是系统科学。这两者的区别和联系，很多人并没有意识到。具有因果性的事件肯定存在相关性，但具有相关性的事件，不一定存在因果性。举例说明：

人们天生喜欢追寻事物的"原因"，以图找到解决未来不确定性的方法，所以我们看到天上的星象、斗转星移、四季更替、候鸟飞迁、植物荣枯……

①公鸡和太阳。公鸡叫和太阳升，是存在相关性的，但是明显不具备因果性。通过科学研究，追寻天体运转的规律，就是揭示太阳升起的内在因素。

②吃饱肚子。吃饭这个行为和饱腹的感觉，存在相关性和因果性。如果只看到相关性，发现吃了六个馒头终于饱了，就会得出"早知道直接吃第六个馒头，不就省了前面五个馒头"的结论。

科学研究发现，食物转化成营养的过程为：胃溶解、肝胆脾开始工作、转化成身体所需的各种能量、进入血液送至身体各个部分、成为支持运动的能量，完整地揭示了因果性。

③短裙长短和道指。华尔街女士的裙摆长度和道琼斯指数存在相关性。但是事件后面的传导逻辑链是什么？后来有人做了大数据分析，这两个事物，不存在因果性，只是一个华尔街的段子而已。

④抽烟和肺癌。这两件事存在统计上的相关性，抽烟的人，得肺癌的概率，是不抽烟人的 N 倍，但是并没有解释抽烟导致肺癌的致病过程。所以，抽烟与肺癌不存在因果性。

吸食鸦片产生多巴胺，产生愉悦感，并抑制身体自身的多巴胺分泌，不吸就痛苦，揭示了毒品成瘾的生化过程。这就是因果性。

⑤瓷器与颜色。中国瓷器曾经称霸世界千年，是欧洲王公贵族追逐的奢侈品。西方一直试图破解我们瓷器的秘密，直到 1709 年才被德国梅森破解，如今反而领先中国瓷器的制造水准。中国瓷器的釉以及上面的颜色，都是工匠通过无数次试错后发现的，这是相关性。然后，师徒之间口口相传，制瓷工业发展缓慢。

西方使用化工体系，借助显微镜等仪器，分析了釉、颜色的分子成分，颜色成因，通过实验检测，烧成温度对颜色的影响，实现了制造瓷器的反超，这是因果性。

⑥西药和咳嗽。西药不但能治好病，还能告诉人们引起咳嗽的原因（微生物进入人体引致）、药物消除细菌或病毒的过程与机理，所以，西药和治咳嗽存在因果性。

⑦中医与治疗。中医的药材，取自统计、试错，是实证性分析，是相关性研究，所谓"尝百草"，是历时千年的人群数据统计结果，所以中医是大数据统计规律。

为了给治疗效果与治疗过程一个合理解释，中医发展出阴阳、肝火、肾水、脾胃虚实等一系列中医体系。但遗憾的是，这些体系按照目前的科技水平，都是无法度量的，所以中医没有因果性研究。

屠呦呦从治疗疟疾的古方中受到启发，写出了青蒿素的分子结构图，列出了治疗疟疾的生化反应过程，然后通过对青蒿素的双盲实验检测，最终获得了诺贝尔生物医学奖。这是因果性的结论。

⑧红酒与长寿。统计发现，长寿者多数有喝红酒的饮食习惯，所以认为

喝红酒可以长寿，这个是相关性研究。但长寿还有可能是因为常喝红酒的人经济收入情况较好，在医疗健康上花的时间（运动健身）和物质（医疗条件）较多。所以这个没有因果性。

⑨运动与健康。运动可以改善身体的状况，关系到心血管、骨骼、消化、泌尿等一系列系统健康，排除了其他的因素，所以这个是因果性。

食疗食补，"以形补形"，是统计是推测，缺乏内在的机理过程，最多是相关性。

⑩量化模型投资。量化多因子选股模型是典型的相关性统计回归，如果再加上周期性、群体性研究，就有可能解释为因果性；如果不加，则只是相关性投资。最普遍的"技术分析"也一样。

在生活中还有很多的例子，大家感兴趣可以自己思考一下，看看以前熟悉的事物，是具有相关性还是因果性。

我们只有论证了周期的因果性，才能找到波动的内在推动力，才能确定"跌久必升、升久必跌"的必然性；那么只要推动力存在，高频次的出现"上下边界"，才会变成白天鹅，而不是100年一次的黑天鹅。

下面，我们尝试着论证一下周期性的因果因素，从三个方面论证。

第一，什么叫波动周期？事物的发展一般存在几种特征，包括无序、线性、幂律、螺旋和波动周期，如图3-1、3-2所示。无序，即杂乱无章，随机变动，没有规律。

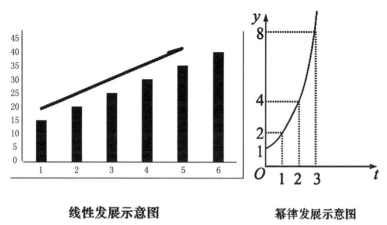

图3-1　线性与幂律发展示意图

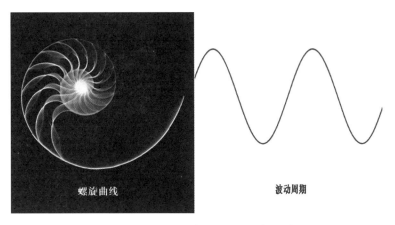

图3-2 螺旋曲线与波动周期示意图

线性,即稳定地向一个方向发展,没有上下边界。

幂律,也就是人们常说的几何倍数增长,没有上下边界。

由神秘数列1,1,2,3,5,8,13…构成的斐波那契螺旋线,也能在现实社会中找到实例。其特征为有往复,有发展,没有上下边界。

波动周期,有增长,有衰退,发展到顶了开始下降,衰到尽头了反身向好,所谓"盛极而衰、物极必反"。关键是存在上下边界。

如果是几种势态的叠加,那就更为复杂了。例如,线性叠加波动周期,如图3-3所示。

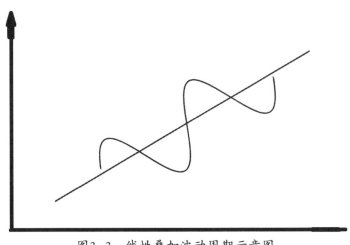

图3-3 线性叠加波动周期示意图

更为复杂的就不在这里一一列出了。

探究这些社会发展的规律，主要是为了解释金融市场价格波动周期性的原因和逻辑。

以前文图 2-1 提到的钟摆模型为例，建立了投资公式：

$$Ex(i) = (A1 - A2) \times P - (A0 - A2)$$

简写为：

$$Ex(i) = V \times P - R$$

$$价值因子 V = A1 - A2$$

$$风险因子 R = A0 - A2$$

那么，目前最急需的，首先是论证上下边界 A1、A2 的存在。换句话说，一个优秀的、高价值因子 V 公司的上边界 A1，会不会一路向上，不再回头？一个企业的价值下边界 A2，会不会一路向下，变为价值为零，甚至为负数？

第二，边界如何衡量？或者说，通过什么途径、方式，去证明已经到达"边界了"？

再引申一步，一个交易市场整体，如果以市场指数来代替，那么指数会不会一路向上永无止境？又或者一路向下，直至崩盘，化为乌有？

第三，概率变化为什么是越上涨下跌概率越增加、越接近下边界 A2 上涨概率越高？

第一节　周期性的起源

大到人类社会的进步，小到一个企业的发展，都存在持续性和周期性。

最先，周期性源自大自然。每天日月升降，每月月亮有盈亏，每年有四季，地球的气候中气温、雨水都随之变化，造成农产品有大年和小年，气候大周期上有冰河期、厄尔尼诺回暖，还有地震、洪水和蝗虫灾害等，形成了人类生活的非平稳的波动周期。

在金属货币流通的时候，币值稳定，价格波动的周期比较简单，只受到商品供应量的影响，如受灾了米价就涨，丰收了米贱伤农。其他商品也一样，价格高了就多生产，低了自然有供应者退出生产。

地区发展不平衡、人口增长失衡等因素，虽然会导致战争，但是战后不平衡因素消失，社会就重新起步，世界总是波动向前发展的。

1. 行业轮动周期取决于科技的进步

工业革命后，社会分工细化，出现了各个行业。随着社会的进步、科技的发展，各行业呈现出明显的周期性。例如早期英国工业崛起，对煤炭的需求旺盛，煤炭行业迅猛发展，但是新能源石油的出现，对煤炭的替代作用明显，煤炭走向衰落。其他还有铁路、汽车、飞机的替代，电报、电话和移动通信的替代等。行业轮动目前最知名的金融理论是美林时钟，如图3-4抽所示。

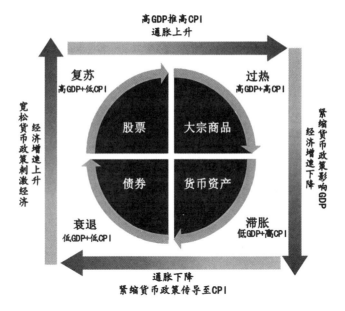

图3-4　美林时钟示意图

2. 企业生命周期导致价格波动周期

一家企业的发展一般存在四个阶段：初创期、成长期、稳定期和衰退期，如图 3-5 所示。

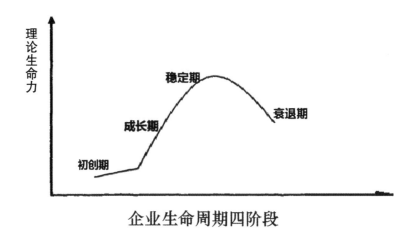

图3-5　企业生命周期细分阶段示意图

企业初创期一般是风险投资、股权投资等一级市场投资偏好者的领域。二级市场的投资者，都希望买到高速发展期的企业，回避进入衰退期的标的。

企业所处的发展阶段不同，利润就会有丰有歉，从而引起股价的周期性波动。企业初期的利润丰厚而供应不足，必然会吸引更多的企业和人员加入，逐步降低利润；一定时期后的技术更新，旧的企业退出，新的企业诞生，都会让单一企业形成生命周期。

3.企业产品导致企业财务指标波动

企业的产品也存在周期，形成企业财务指标波动。一个产品经过初期推广后，被市场接受，成为"爆款"，必然给企业带来急速增加的营收、利润。不论是否有"专利"保护，都会有其他企业的"竞品"加入市场竞争。产品市占率逐步稳定，慢慢下滑，为了提高竞争力单价也会逐步下调。一个产品周期结束，必须依靠新产品，打开第二增长曲线。这个过程的营收、利润等财务指标的变化，就会导致股价存在波动周期。

以茅台为例，飞天茅台经过多轮提价后，能消费的人数基本见顶，甚至被替代品吸引走而下滑。同时国内国际市场的市占率也基本没有太大的提升空间。那么对应的茅台股价，在没有新的催化剂时，进入了稳定期，并跟随市场指数、大盘的波动而波动了。

4. 宏观调控周期引发价格周期波动

进入现代社会，社会财富迅速增加，货币体系摆脱了金银铜本币化，依靠国家信用实现纸质化、电子化、数字化。同时，随着经济的发展，各种经济理论应运而生。中央银行、各级政府出台财政政策、货币政策、贸易政策等人为调控、干预措施，试图平抑经济发展的波动。政府支出的扩张与收缩、货币发行的加快与收紧，都是为了在社会发展、货币稳定、人员就业和贸易平衡之间找到重点。

由于政府、央行的决策是由人作出的，无法跳出人类思维的固有模式，滞后性、信息不完整性、群体博弈性、非完全理性等因素，就会让社会各方面的变动，如人口流动、地区经济发展、企业生存等，产生周期性的波动现象。

5. 资本活动的周期性

资本活动也存在明显的周期性，投资资本的决策也是由人做出的。当企业生命周期处在快速成长期时，利润高、未来需求很大，企业倾向于增加资本开支 —— 再融资，竞争对手也会跟着做 —— 更多的资本进入产品的生产供给领域，俗称"风来了"；当企业处在衰退期时，需求平稳或者下降，产品价格下降、利润开始大幅减少，就会在供给端"逐步出清"，资本退出转投其他行业里的标的，如图3-6所示。

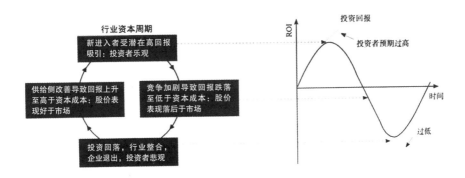

图3-6 资本周期与投资者反应示意图

资料来源：爱德华·钱塞勒·资本回报.中国金融出版社.2017 年 5 月.

资本支出与企业产品供给端之间，存在明显的"时滞"，资本投入产能产出，总是要一些"建设时间"的。当需求上升而供给上不来的时候，就会出现产品涨价，进一步导致企业利润大增，企业股价开始上涨。同样，供给端出清也是企业间竞争的一个过程，扛不住的小企业会慢慢退出，供给量逐步萎缩。因此，企业利润低迷也会维持一段时间，股价好几年内都会下跌，对间或出现的利好，也没有反应。

投资者如果看清以上的社会现象，就会明白波动周期的必然性。既然周期必然存在，那么盛极而衰、物极必反，跌多了就会涨，涨也不会涨到天上去，这些通俗的说法就有明确的指导意思（否则不敢用）。

所以，一个人如果准备投资，第一步就是要把人类习惯的"线性思维"转换为"周期性思维"，才可能取得好的投资成绩。

道理上明白了，实践中就剩下对极点、对价格波动的上边界、下边界的寻找与论证了。

第二节　上边界A1的论证

因为社会经济、企业发展这两个元素都存在周期性，所以上边界点 A1 一定存在，就像树再高，也不会冲过天。

首先，我们从整体看，单一市场整体恰逢牛市，指数单边上升，市场总市值水涨船高，会不会一直涨上去呢？

我们知道，金融产品价格的高低，是由人们对它的需求决定的，需求多少是以"资金量"来体现的。一个社会的资金总量，在一定时期内不会无限量地增长。

在整个市场价格疯涨的时候，最高的边界，就是全社会可用于投资的全部资金总额，即总市值等于总金额，是最高的边界。

我们从可用资产证券化率、市场总市值与国民生产总值 GDP 相比较。

如果以买卖博弈的角度来分析，金融投资就是一场买、卖双方和第三方"场外资金"的三方博弈，如表 3-1 所示。

表3-1　买方、卖方和场外资金的三方博弈

卖方决策	买方决策		场外资金	
	买进	成交	进场 亏	不进场 赚
场外资金	**卖出**			
进场	赚		现价	
不进场	亏			

卖方决策	买方决策		场外资金	
	不买	无成交	进场 亏	不进场 赚
场外资金	**卖出**			
进场	亏		现价	
不进场	赚			

卖方决策	买方决策		场外资金	
	买进	无成交	加价进场 赚	不进场 亏
场外资金	**不卖出**			
加价进场	加价跟随,亏		加价或等待	
不进场	赚			

卖方决策	买方决策		场外资金	
	不买	无成交	加价进场 赚	不进场 亏
场外资金	**不卖**			
加价进场	亏		等待	
不进场	赚			

卖方的力量来自股份数，从 1 到市场全份额股数。股份数额达到足够多的数量程度时，新增加的股份数相对于整体而言，变动比例不大，可以基本忽略。以总股份数乘以时点的价格，就是总市值。为方便研究，一般以市场指数替代总市值。

买方的力量来自货币供应量 M1；场外资金的力量来自货币供应量 M1 和 M2。

关于指数、货币供应量之间的关系，我们在本书第二部分"系统性风险的度量"进行论证，创新性地提出了"货币固化率"，解决了在经济社会中对投资活跃程度的数量化度量问题。

其次，从单一企业个体来看，上边界 A1，取决于企业的股息率以及投资者对未来业绩的预期。这最终取决于企业的生命周期。一个企业再好，一旦 A1 高到不受企业利润的支持，虽然不会立即下跌，但也不会继续上涨。因为上边界 A1 的持续上涨，如果失去了利润（或者股息率）的支持，持有者就会卖出，阻止资金方的买入，从而停止上涨。

从估值模型看，投资者可以把未来 10 年、20 年的收益贴现到现在，总不可能把 100 年、1000 年的收益贴现吧？

从心理预期看，投资者可以把市盈率变成"市梦率"，也都是一个有限的数值。

判断上边界 A1 时，最明显的质疑就是"这个状态有没有违反常识"。如果明显违反常识，那么对应的上边界价格 A1，就是个值得投入（沽空）的、值得警惕（卖出）的，等待已久的"异常值"。例如，"亩产万斤"所对应的小麦植株密度，就不可能是正常生长能够实现的，一听就知道是违反常识的结论。

总之，上边界 A1 的存在，是比较容易理解和接受的。

第三节　下边界A2的论证

下边界的价格 A2 的情况就比较复杂了。一是存在一个不为零的数值；二是有可能 A2 为零，甚至为负值。

1. 下边界的价格 A2 存在一个不为零的正值

在整体市场出现极度恐慌，下杀到极限价位时，从资金的角度无法获得答案，只能从净资产、重置成本、未来收益贴现等角度去评估。

从全社会看，金融危机出现后，会传导至实业危机，经济活动的快速收缩，又会导致失业人口的急剧上升，从而在个体的心理层面产生严重的悲观情绪。一旦全社会弥漫悲观，政府如果没有强有力措施，金融市场的低迷就会持续较长时间。

作为投资者，对以上的数字，包括全社会资金总额、净资产、重置成本、未来收益贴现等数字，给予一定的"折扣"，折后的差额，就是"安全边际"。

下边界的价格 A2，是由企业的基本面和交易所的政策等因素决定的。例如，标的净资产、重置成本、股息率、安全边际、公开上市成本等偏资产价值的数据分析出来的。投资者会根据不同的投资标的，采用单一指标，或多指标加权平均，来得出下边界 A2 的具体数值。例如：

①银行股等采用净资产额、股息率等；②房地产股等采用重置成本等；③初创公司采用流量、营收增长、客户数、客单价等；④并购重组公司采用债务负担、上市资格交易成本等。

以茅台为例，酒的销售价格下跌，导致公司利润下跌，股价下跌。那么，股价何时到达边界？零售价格稳定在某区段，销量（营收）开始上升时，所对应的股价，极有可能是波动的"下边界"。

如果再对以上数值给予一定程度的"变现折扣""安全边际"，综合考量，就基本上可以得出下边界 A2 的具体数值了。

下边界 A2 的论证，也是一个见仁见智的复杂过程，每个人的侧重点不一样，得出的数值就不一样。但只要下边界 A2 存在，最后的结果也只是数量上的区别，而不会发生质的变化。

2. 下边界的价格 A2 有可能为零，甚至为负值

因为现代上市公司为"股份有限公司"，所以，即使下边界 A2 为负，也不会累及股份持有者。这一点就不再讨论了。我们重点分析 A2 为零的情况。

现实世界中，有没有价格一直向下，直到破产的案例呢？当然有！而且不少。很多庞然大物一般的公司，瞬间倒下，或者破产、清盘。所以，这里分为两种情况：一是突发事件的起因；二是缓慢地逐步下降。

对于第一种突发事件情况，如果在事件前已经介入，则事件后应立即撤出。

对于第二种逐步衰落的情况，就可以"大胆假设、小心求证"了。

如何去论证"下边界 A2 不会降为 0"呢？论证要用到的逻辑是"证伪"，证明情况没有市场预期的"那么差"。

价格低迷，一定存在低迷的原因。如果能证伪，那么通过现在的来自企业基本面的数据，就可以找到下边界 A2，出错最多在 A2 的数值上有偏差；如果不能"证伪"，下边界 A2 可能为零，那么投资就面临本金全部损失的风险了。不能"证伪"的情况，就只能放弃，继续等待。

第四节　概率变动规律的数学论证

根据前文图 2-1 提到的钟摆模型，建立投资公式：

$$Ex(i) = (A1 - A2) \times P - (A0 - A2)$$

其中价格变动概率 P 的变动规律为：越是上涨，接近上边界 A1，下跌概率越高；越是下跌，接近下边界 A2，上涨概率越高。

这是我们观察现实市场后，用钟摆模型来说明的内容。如何用数学来证明呢，或者说，造成这个概率变化规律的内因是什么？

因为金融市场的总量足够大时，虽然有市值的变化变动，但相对于总值来说，变动幅度太小，在一定时期内近似于不变。同时，参与的投资者总人数、资金总量，也可以理解为不变。这样我们就可以用这个数学模型来说明了——麻袋取球。

假设一个不可透视的大麻袋中，有数量很多、总量有限大、总量不变的球，且只有白色和黑色，但不知道黑白球的比例。现在可以每次取出一个球，取出一小部分球，来推测整袋子黑白球的比例，从而预测下一次取出黑球（或者白球）的概率。

正常人类的思维是，用小样本比例 —— 取出来的黑白球比例，去推测大样本 —— 整个麻袋中黑白球的比例，从而去预测下一次取出球的颜色概率。如连续取出白球的数量越多，就会得出白球的比例越高，下一次取中白球的概率越高的结论。就像股市中，越是上涨，人们越是认为"上涨的概率"越高；越是下跌，"继续下跌"的概率越高。

如果麻袋中球的数量足够多但不是无限大，取出的小样本对总数量影响不大时，这个推测还是有效的。可是当小样本的数量很大（类似于涨了或跌了很多），麻袋中剩余球的总数量有很大变化后（类似于接近边界值A1、A2），情况就发生了逆转。

真实的情况是这样的。当麻袋中球的总量不变（不能往里面添加任何颜色的球），越是取出白球，麻袋中剩余的白球数量就越少，留存的总球数中，白球的比例是在降低，黑球的比例是在升高。换句话说，下一次取中黑球的概率在升高。这个极端的例子就是，当把最后一个白球取出后，麻袋中剩余的全部是黑球，取出黑球的概率是100%，并不是我们根据取出来的"小样本"中黑白比例，来推测的下一次取出白球的概率。

举个例子，总共有10个球，其中黑球7个、白球3个。假设前三个连续都是白球，人们会从这三个白球来推测袋中大部分是白球，实际上第四次取中黑球的概率已经上升为100%了！

人类容易被自己的眼睛"欺骗"，这正是人类来自自然界进化所形成的思维误区。

同样，在一段时间内，金融市场总市值、投资者总人数、可投资的资金总数视为不变时（存在上下边界），涨多了就会跌、跌多了就会涨。换句话说，价格越是下跌，其上涨的概率越高；越是上涨，其下跌的概率越大。

这就是"概率变动规律"的数学解释。

第四章　群体性的心理论证

什么叫作"群体"？个体之间存在信息的交换，可以是物理的作用力，也可以是心理的影响力，定义为"群体"。

个体之间是独立的，不存在互作用，则是离散的"集合"而非群体。

投资者非理性行为的研究已成为一个学科——行为金融学，它引入心理学、社会学的方法，分析投资者的非理性行为。大量引入的脑科学和神经学的相关研究成果后，行为金融学得出的一个有意思的结论是：投资的非理性行为，恰恰是人类为了最大化种族延续而进化出来的理性行为。换句话说，人类天性就不适合投资，眼见不一定为实。成功的投资都是反人性、逆人群的。

大脑的基本功能里面，和金融决策有关的包括三项：恐惧、贪婪、理性思考。

恐惧由大脑的杏仁核控制；快乐和贪婪由大脑的伏隔核主导；前额皮层则发挥逻辑推理、数据分析等理性功能。

杏仁核和伏隔核是人类继承比猿类更早的生物大脑而得来；前额皮层则是从猿到智人的进化过程中逐步形成的（未来还会更重要、更加珍贵）。

实验表明，经受市场大幅下跌这类重大事件的冲击时，杏仁核就会变得活跃；而市场大幅上涨，利好不断，伏隔核的活跃度会上升。我们之所以会做出非理性行为，就是杏仁核或伏隔核过度活跃的时候，产生了太多的情绪反应，并且杏仁核或伏隔核过度活跃，就会压制前额皮层的理性功能，作出情绪化的非理性决策。

神经科学家进一步研究认为，"情绪化"特别是"恐惧"，是人类生存中非常有效的学习手段，我们大脑对于事物的情绪化反应比理性反应的速度要快得多。情绪化系统处理问题的方式更快速直接，也就是"恐惧"和"贪婪"这些情绪反应，比理性反应更快占据人类大脑的更高层级。所以，我们面对很多问题，情绪反应总是优先于理性反应。我们大脑进化出这种机制，最终的目的是提高人类生存概率。

举个例子，假设你站在一个透明的玻璃柜面前，里面关着一条蛇，如果蛇突然对你发动攻击，尽管它根本不可能碰到你，你还是会毫不犹豫地做出闪躲反应。实际上，这种躲闪行为不是理性行为，但从人类进化的角度，这种"下意识"的、由杏仁核做出的躲闪行为是理性的。我们用低成本的一类错误降低致命的二类错误，在提高人类生存的概率。

再举个例子，假设还在原始社会，人群中的一个人突然撒腿狂奔，其他人看到他狂奔的行为，不论是否看到猛兽，也一定会跟着狂奔。因为跟着跑的成本无非是一些体力，不跟着跑的风险，是可能会丢掉性命。

所以，面对有损伤的事件，人们的第一反应是逃，从种族延续的角度来看，这种机制是合理的。这也就从根本上揭示了为什么当重大利空事件来临，股价会迅速、大幅地下跌，往往会"跌过头"。一旦事件逐步平稳，股价又会快速地修复，因为人类心理反应和决策，是远远快于股价的变动的。

《投资者回报系列研究报告之现状篇——投资者行为背后的投资者心理范式》一文研究指出，普通投资者"追高、择时、追涨杀跌、亏损卖出、回本卖出"等行为，都是投资行为的主要表征。

出现这些投资行为，与背后的投资者心理是密不可分的。投资者心理的背后既有人性的问题，也有投资者对市场的认知问题。

一个投资行为背后可能是多个投资心理同时发生作用。采用一对一的方法可能很难成功。所以，我们从行为出发，讨论损害投资者长期回报的常见投资行为背后的心理因素，这些心理因素是多重的、综合的、复杂的。

按照《投资者回报系列研究报告之现状篇——投资者行为背后的投资者心理范式》里的研究结果，我们会看到以下几个关键内容。

一、投资者追高背后的心理

投资者追高可能是造成投资者回报弱于基金回报的最主要原因。追高心理基本与"防踏空心理""后悔厌恶心理"有关。

1. 防踏空心理（FOMO）与追高

投资经验不足者，在市场连续上涨的冲击下，会担忧市场可能出现一次牛市，如果没有买入的话，就出现踏空。踏空造成的痛苦可能比亏损还大。

近年来，针对这种情形，海外还专门发明了一个新词来形容，"FOMO"（Fear of Missing Out 的缩写），意思就是害怕错过。

2. 后悔厌恶心理（Regret Aversion）与追高

后悔厌恶心理也会导致投资者追高。后悔是我们生活中的常见情绪，后悔只有在主观上有认识的情况下才会发生。

投资心理学中的后悔厌恶指的是对过去的"错误"投资决策，所感受到的痛苦与懊恼等不良情绪体验。最经典的案例之一是著名的物理学家、鼎鼎大名的牛顿投资英国南海股票的过程。在他投资了南海公司近 3500 英镑后，三个月赚了本金的一倍，于是果断卖出。看到南海公司的股票仍在大涨，他将自己 10 年的收入全部砸了进去，但却不知自己买在了高点，最后这笔投资亏损了 2 万英镑。

二、亏损厌恶（Loss Aversion）心理

任何人都厌恶亏损，当出现亏损的时候，人们会感到痛苦，想摆脱这种痛苦最好的办法是卖出。因为卖出那一刻，亏损程度不再增加，痛苦也就不再增加了。

厌恶亏损在心理学中被称为"前景理论"，是指投资者认为"100 块损失带来的痛苦，远大于 100 块的收益带来的满足感"。

处置效应（Disposition Effect）可以被认为是由厌恶亏损心理导致的结果：

其一，当预期回报为正时，为确保收益，投资者倾向于小风险的投资；其二，当预期回报为负时，为避免损失，投资者倾向于大风险的投资。

厌恶亏损还可以很好地解释，为什么总有投资者在牛市周期的开端赎回基金，因为他们害怕熊市再次返回，而让自己再次陷入亏损的痛苦体验当中。事实上，在底部割肉，亏损时卖出，"小赚一点立即落袋为安"等投资行为背后，都有厌恶亏损心理的影子。

三、过度自信（Over Confidence）

过度自信通常表现为人们高估自己的决策力和判断力，忽略客观形势变化造成决策失误的可能性。投资者会因自己的偶然性成功而高估自己的投资能力，追涨杀跌、逃顶抄底、频繁交易等行为背后都有过度自信的因素。

康奈尔大学本杰明教授做过一个实验，以参加国际象棋的选手为实验对象，设计了一套打分机制，根据实际对弈结果，以一年为时长，给每个选手的棋力打分。同时，棋手自己也会给自己打分。对比两个分数，棋手自己的打分，基本上都是远高于系统评分的。

行为经济学中有控制错觉（illusion of control）的概念，即当交易者连续盈利后产生的一种错觉，认为他的交易系统或者策略真正发现了别人没有发现的市场内在运行规律，随后交易者容易出现不顾风险控制、干预策略、盲目加仓等行为。

四、贪婪心理（Greedy）

投资者总想"利益最大化"，所以会期盼"卖到更高一点，或者买到更低一点"，从而错过投资机会。我们姑且把这个心理称为"贪婪"心理吧。

橡树资本创始人霍华德·马克斯在其《周期》一书中表示，投资者心态很少能维持在平衡位置，就像一个钟摆，投资者情绪处于两极的时间长，中间的时间短；摆上两极的速度慢，但摆回终点的速度快，人们的理性转瞬即逝，如图 4-1 所示。

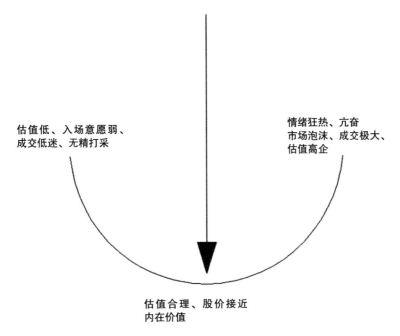

估值低、入场意愿弱、
成交低迷、无精打采

情绪狂热、亢奋
市场泡沫、成交极大、
估值高企

估值合理、股价接近
内在价值

图4-1 投资者情绪波动示意图

五、回本赎回与心理账户、锚定效应、沉没成本效应

A.因为投资者厌恶亏损，不愿意将投资的浮亏变为真实的亏损，而长期忍受一次错误的投资。

B.投资者对本金安全的追求如此看重，背后是心理账户在起作用。心理账户也是心理偏差中很重要的一种，投资者会把投资收益的钱和本金区别看待。比如，某投资者投资 100 万元，挣了 100 万元，他会把本金的 100 万元和收益的 100 万元区别对待。当账户从 200 万元下降到 150 万元，投资者会认为，50 万元损失的是盈利的部分，本金仍然是安全的，所以感受到的痛苦是有限的。

C.沉没成本会阻止投资者卖出大概率已经没有投资价值的标的。沉没成本强调的是金钱及物质成本，对于后续决策的影响。因不舍得已经无法挽回的成本投入，而通过非理性的行为避免损失带来的伤害。

D.锚定效应是指当人们需要对某个事物做估测时，会将某些特定数值

（即所谓的"锚"）作为参考值，来预测未来值（但锚的产生所依赖的初始信息其实可能与决策毫无关联）。

我们列举了投资者在投资决策和投资过程中的种种典型心理表现，发现投资决策时，需要经过缜密的分析和逻辑推理判断，这个理性思考的工作需要大脑的前额皮层发挥作用。但是市场中投资价格波动过于剧烈，事件冲击过于频繁，对于投资者的心理形成巨大压力，导致投资者用天生的"大脑杏仁核和伏隔核"做"非理性决策"，从而频频做出情绪化、非理性行为。

人类大脑进化了几百万年是为了生存而不是为了投资业绩，我们在市场上的种种非理性行为是我们天生的，所谓的投资反人性是有科学依据的。

人类社会在最近的二三百年里，即公元1700年以来，发生了极其迅速的进步，可是我们的身体、大脑还停留在原始的状态。社会进步和人类进化不同步是一个现实的矛盾。如果你用人类这套还处在原始社会早期的情感系统去主导你的投资行为，结果将会是灾难性的。

人类的个体基本上是一致的，再由这些同质化的个体组成"群体"，就会出现"群体类似"的投资行为。在社会传播学里面，"沉默螺旋理论"解释了"周围多数意见形成压力、个体害怕被孤立，从而采用从众行为的过程"。在投资上就体现为，当个体发现自己账面盈利（或者浮亏）与市场不一致时，会担心存在"自己未知的信息"，从而产生心理压力。为避免孤立，平仓与大众保持一致是最简单的卸掉压力的行为。

当群体中的个体，一个个都"回归群体"时，就会增强原来的趋势，这在理查德·塞勒的论证中被称作"短期动量效应"。因为周期性的存在，群体行为最终达至周期的上、下边界，然后反转，就会导致集体犯错的结果。理查德·塞勒称此为"长期反转效应"。

这就是人类群体投资的真相。我们从身体、大脑的本源上，阐述了"非理性"这件事情。接下来我们就个体行为、群体特征、社会信息在人类群居社会里的传播，做一个整体的、综合的论述，从能量、效率和信息方面来论证投资的真相。

股市股票的价格，为什么一定会出现"大崩溃"，而不能维持在一般性的上下振荡、波动？投资价格会周期性地出现"垮塌"，靠近下边界 A2。这又是为什么？如果在靠近下边界 A2 的期初价格 A0 出手，意味着一个很好的"低风险高收益投资机会"，那么我们的对手盘不就犯了一个极其愚蠢的错误吗？人都是理性与聪明的，为什么会犯这样的错误？犯错时的心理思考过程是怎样的呢？出错主要分为以下两点：一是信息。当个体面对整体（全市场）的时候，无法获知全部的信息，并且自己也知道"无法获知全部的信息"，一定存在"自己不知道的因素"（这正是人们内心恐惧和贪婪的根源）。二是算法。进一步，面对复杂的金融环境，面对各种新出现的信息，大脑无法理性处理，只能有取有舍，简化处理，寻找高效、低能耗的有限理性方式。

为什么在物理世界里，正态分布是稳定的常态，在社会实践中却能经常看到，稳定状态的能量分布是幂律分布呢？

社会学的幂律分布才是稳定状态，这就是财富分配的密码。从一个时点，或者不够长的短时间看，一天，一个月，甚至一年，价格波动产生的投资收益，按照正态分布。一旦加上"足够的时间"，长期考察，多次的正态分布，就会向"幂律分布"转化。

正态分布多存在于物理世界，因为那些数据是"时点数"，即在某一个时刻的一个总体的分布，而不是单个的数据分布；幂律分布多存在于生物世界，因为生命的存在是延续的，是有周期的，经过多次"重置"，在足够长的时间里，就可以观察到幂律分布的结果。

人类社会的发展是非线性的，具有螺旋循环的周期性，最终也导致了社会的经济发展也存在周期性，从而引发企业的发展呈现生命周期特征，传导至企业股权价值的二级市场价格波动，出现显著的周期性特征。所以，一旦从经济周期的时间长度来考察，就能发现投资金融产品的收益率，呈现明确的"幂律分布"。

生物社会里，独立个体互为阻力与支持，个体组成群体的相互作用性，是正态分布向更为稳定、低消耗、高效率的幂律分布转化的原因之二。雪堆里的单一颗粒，既支持着周边颗粒，自己的重量又挤压着周边颗粒；买入行为既对价格上行形成支持，换来的筹码立时又转化成会抛出的压力。群体间的相互作用性，使得整体存在稳定的"临界点"，一旦打破平衡，自身势能释放出来，就会向势能更低的幂律分布转化。《黑天鹅》的作者塔勒布所说的金融市场的"脆弱性",就是指这一点,后面我们会详细论述。

第一节 市场内在量能的不稳定性,势能与熵值

金融二级市场由于参与者众多,影响因素非常庞大,再加之多重博弈,所以本质上就具有向下释放能量的冲动。

一、从社会学角度分析

首先我们从社会学的角度,来分析最稳定的能量分布状态是什么样子的。

1. 物种进化结果

生物的世界是如此的神奇,全球有那么多物种(相互作用,相互影响的集合),只有一种猿人(猿中本身又有很多属、科分头进化)在千万年(时间维度)的进化中,成为统治地球的唯一。

从对地球的总能量的占有和使用上看,只有一个物种占支配地位,占有大部分能量,才是最稳定的。否则,在几个物种之间能量的正态分布,能量分配落差不大,必将导致激烈的物种战争。其结果就是能量分布不是最稳定的状态。

2. 语言的单次使用频率

1932 年哈佛的语言学家发现,英语中单词被使用的词频呈现幂律分布的特征,并在随后对其他语言进行统计时,也得到同样的结果。在沟通时,人们总是希望用最少的词汇来描述问题,一是自己消耗的能量最少,二是大大提高沟通的效率。在生物的世界里,生物总是用最少的能量消耗来延续生命,由此产生了行为上相当的"惰性",总是去寻找"能量消耗"最小的路径。所以,一部分词汇的高频使用,是能量消耗最少的稳定状态。大量高频使用的词汇,有向下缩减词汇量的内在需要。

3. 社会财富的占有,也是同样的幂律分布

我们知道社会财富在人群中分配的"二八现象",即 20% 的人拥有全社会 80% 的财富。我们再进一步推演,20% 的人占有社会全部财富的 80%,那

么在前面 20% 的人中，还会出现"二八现象"，也即 20% 中的 20% 的人，占有 80% 财富的 80%，4% 的人拥有全社会 64% 的财富；再往下推，4% 的人中还有"二八现象"，4% 的人的 20%，拥有 64% 的 80%，就是 0.8% 的人拥有 51.2% 的财富。为叙述方便，我们简化为 1% 的人，拥有全社会 50% 的财富。整体社会财富分布全貌就是：

最顶层 ——1% 的人，占有 50% 的财富；

次顶层 ——1% ~ 4% 的人，占有 14% 的财富；

上层 ——4% ~ 20% 的人，占有 16% 的财富；

普通层 ——20% ~ 100% 的人，占有 20% 的财富。

社会财富的一半被 1% 的人数强势占有，反而带来了社会的稳定。

4. 从国际社会的国家之间均衡来看

一个稳定的世界政治秩序，一定是由一个（最多两个）国家实力占绝对优势的大国主导，其他实力悬殊的国家跟随的局面。

如果跟随的一众国家中，各国国家实力集体上升（类似于历史上工业革命后，各国都得到了发展和提升），形成各个国家实力之间，不相上下的正态分布，随之而来的必然是局部冲突，甚至全面冲突，两次世界大战发生的原因，就是工业革命打破旧有平衡，新技术按时间顺序逐步在不同国家出现，各国实力不相上下，利益冲突后直接引致的。

国家实力、财富取决于科技创新。科学技术自然存在传播、造福全人类的传导效应。新科技的传播，又会形成各个国家实力的提升，促使国家实力从新技术刚出现的幂律分布，向正态分布转化。所谓"天下大势，分久必合，合久必分"，说的正是这种幂律分布、正态分布的转换过程。

5. 高考成绩总分的幂律分布

优秀的学生，可能在一两个领域里分数高，但是顶尖的学生，在各个学科里都优秀，那他花费的时间，一定是成倍地增加，而且获得这个最终顶尖的成绩，起点可能是初中，甚至小学。如果大家都从高中开始努力，可能差距不会拉得那么开。总有人想出类拔萃，于是你从初中，我就从小学，甚至幼儿园、娘胎开始努力。怎么也不能输在起跑线。

现实中的情况如图 4-2 所示：

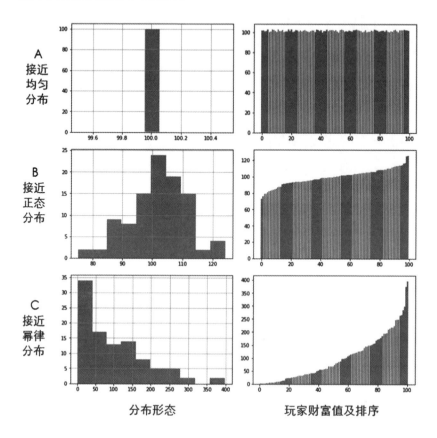

图4-2　均匀、正态和幂律分布示意图

二、从金融市场的势能状态来分析

我们的结论是：在相互作用的集合群体内，在一定的时间过程中，幂律分布是必然出现的结果。即使一开始是正态分布，也一定会向幂律分布转化。每一次正态分布下的相互作用，就是迈向幂律分布产生前的临界状态的一小步。一旦到达临界状态，正态的世界就会轰然垮塌，迅速完成幂律分布的稳定结果。

幂律分布更稳定，是因为其所蕴含的内部"势能"更低；正态分布虽然也会在一定时间内呈现稳定的均衡状态，但是正态分布自身的内部"势能"，只是比较低而不是最低。

我们来看同一价格下，假设筹码分布按照正态分布和幂律分布两种，来分析这两种状态下股价的稳定程度。

同一价格下，股票的财富总市值，就是 A（n）：

A（n）= 股票现价 × 总股数

按纵轴为股份数量 M（n），横轴为股价，那么：

A（n）= ∑P（n）× M（n）= P1×M1 ＋ P2×M2 ＋ ... ＋ Pn×Mn

为方便表达，我们只画出了分布图的一半。

如果股价按正态分布，那么投资标的的总市值 NA（n）就是图 4-3 中钟形线 A 所包含的面积的一倍。

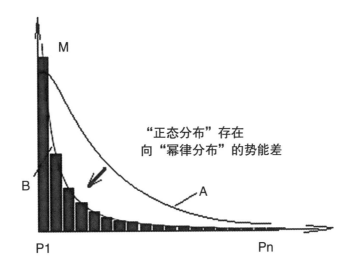

图4-3　正态分布向幂律分布转化的内在能量示意图

如果股价按幂律分布，那么总市值 ZA（n）就是图 4-4 中曲线 B 所包含的面积的一倍。

在同一价格下，总市值是一个固定值。怎么理解这两个分布的内涵呢？

每天股市都会有成交，有成交就说明有资金以某个价格承接走了股票。显然，一天不会发生全部股票卖出，被资金接走的情况。总市值就是假设全部股票在同一个价格被卖出，所需要来承接的总资金量。显然，价格越高，需要的总资金越多，具备的"下跌势能"越大。

我们画出正态和幂律分布的示意图，如图 4-4 所示。

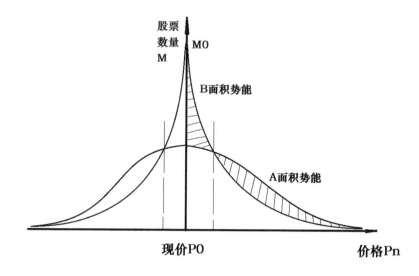

图4-4　股票价格正态分布与幂律分布示意图

既然总市值就是一个总股数乘以现价 P0，是固定的 A（n），那么不论持有者的股票是正态分布，还是幂律分布，其所包含的面积是一样的总市值 A（n）。

正态分布与幂律分布的差别就在面积 A 和面积 B。

正态分布的话，股票的集中度相对较低。持有者的持有数量和持有成本渐次变化，大多数人的都差不多。

幂律分布的话，股票的集中度很高。少数人在价格 P0 附近大量持有，多数人持有的数量和价格，迅速衰减。

因为股票的集中度高，所以股价很稳定。换句话说，当正态分布时，决定买卖的人群数量大，持有的股票数量多，容易导致人群行为、信息传导、行为等相互影响，本质上就存在向下跌的势能"面积 A"。

只有转化成在某价格 P0 的集中持股，这部分下跌势能面积 A，转化为少数人的集中持有面积 B。除了面积 B 以外的市场下跌势能自然就小了，也就更稳定。

进一步，集中度越高，图中尖峰 M0 的位置越高，越稳定。

因为股份（筹码）的集中度，在某个价格大幅提高（这个价格得到了大量资金的认可）。大量资金所对应的人数少，意见统一；虽然散户（个人投资者）的人数居多，但是持有数量大幅减少。所以，这个价格的稳定度更高。

即使出现新的利空因素，股价有可能低于 P0，但是继续下跌的能量很小，很快就会被新的认可的资金所化解，重新回归到 P0 附近。

不稳定的阴影面积 $\Delta A(n)$ 代表投资标的价格的"变动势能"。正态分布的筹码相对分散，稳定性差，价格向下的"势能"高，价格向上的"体重"沉。维持其稳定的资金需要得更多，说明正态分布自身就具有向更低势能发展的内在需求。

在相互作用的集合群体内，单个个体之间相互作用，其影响力和作用结果会在群体内自动传导。在达到临界值之前，群体行为不可预测；因偶然因素，形成了"正反馈"，达到了临界值，就会导致群体行为呈现一致性。

复杂的集合群体，不是简单的个体数学相加，而是个体、小集合、小部分等特性的累加、放大或者削弱。

所以，这个"最低势能"的出现，并不遵循简单的线性规律，而是按照更复杂的幂律分布、周期循环，出现在瞠目结舌的人们面前。

有一段传闻逸事，当代物理学界的大神，现代科学的奠基之父——艾萨克·牛顿，自己出手炒股，也赔得一塌糊涂。这正说明，按照物理学的规律线性外推、正态分布（PE 估值、马科维茨模型等），无法解决社会科学领域的幂律分布、随机波动和周期循环。

以单一个股为例，我们画出在一个价格达至动态平衡后，投资者（持有人）持有成本和股数的分布，就是正态分布（点 A）。

如果市场向好，股价向上发展，至点 B，个人投资者大量入市，达到平衡，还是呈现正态分布，但是稳定性已到临界点。

利空来临，市场价格雪崩，至点 C，有场外资金大量入市，承托住股价，筹码分布出现幂律分布特征。

稳定后，点 D，市场交易清淡，逐步从幂律分布，调整为新的正态分布，出现新的动态平衡。

我们需要从中央登记公司获取具体的数据，来证明这个过程、这个论点（这类数据属于机密，无法获得）。但是，投资者注意到的股东总人数、平均持股数，间接地反映了这个结论。在点 C，股东人数大幅减少，人均持股数急速上升，代表着在某一价格的投资者人数很少，持股量很大，是典型的幂律分布特征，如图 4-5 所示。

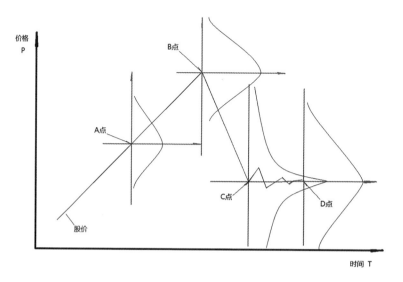

图4-5　股价动态平衡示意图

在正态分布下，从点 A 到点 B 的过程，或者从点 B 回到点 A 的反复，量化对冲交易是有效的。在没有大的意外事件的前提下，用统计模型，用程序化交易，寻找并战胜市场的微小波动，然后多次累积到一个令人满意的结果。从时间占比看，多数时间市场是处在这种一般性波动中的。

进一步论述，我们找几个变动的例子，来做说明：

a 股价从 P0，上升到 P1、P2，然后在 P0 ~ P2 之间波动。按照股数与价格的正态分布，如图 4-6 所示。

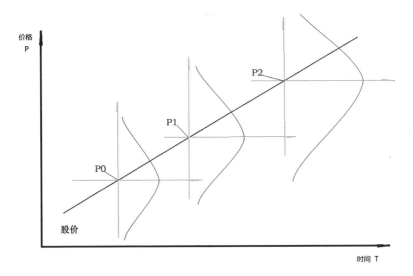

图4-6 股价上升正态分布变动示意图

价格在这个区间内呈现动态"弱"平衡，但是容易被打破。而继续向上发展需要的资金量大，向下容易跌破P0。

b 股价从 P0，下降到 P1、P2，然后在 P0 ~ P2 之间波动。按照股数与价格的正态分布，如图 4-7 所示。

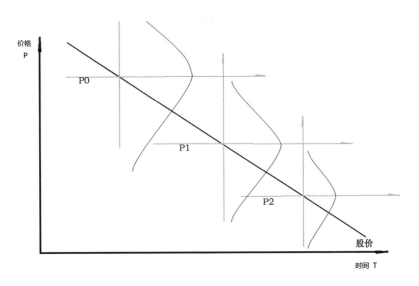

图4-7 股价下降正态分布变动示意图

价格在这个区间内呈现动态"弱"平衡，但是容易被打破，存在继续向下跌破 P2 的势能。

c 股价从 P0，下降到 P1，但是在 P2 出现了"幂律分布"，然后在 P0 ~ P2 之间波动。按照股数与价格的幂律分布，如图 4-8 所示。

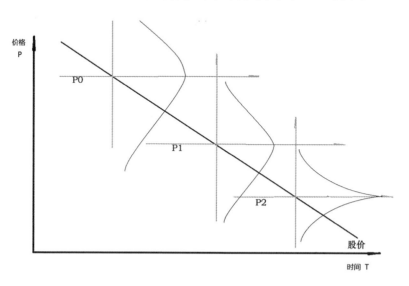

图4-8 股价下降正态向幂律分布变化示意图

价格在 P2 附近，数量集中为少数人持有，呈现强平衡、高稳定的特点，没有重大的外部变化因素突然出现，股价 P2 很难被跌破。

d 股价从 P0，上升到 P1、P2，然后在 P0 ~ P2 之间波动。按照股数与价格的幂律分布，如图 4-9 所示。

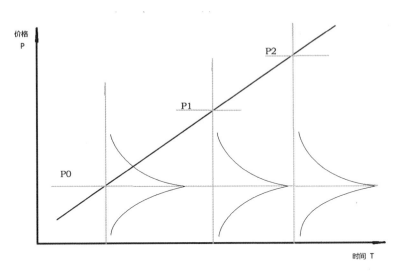

图4-9　股价上升的幂律分布示意图

价格P1、P2所对应的成交量占比不高，继续向上容易，向下跌破P0不易。直到在某个价格有较大成交时，改变成正态分布。

e 股价在P0是正态分布，在P1有大量资金介入后，出现幂律分布。然后经过一段上升，再次出现正态分布，停止上升的步伐。

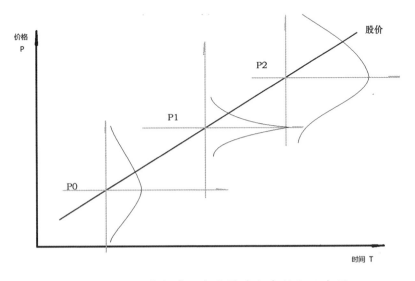

图4-10　股价上升正态向幂律分布转化示意图

其他的情况，基本就是以上几种波动分布状态的演变与叠加。

如果从时间维度上分析，总市值的正态分布向上发展，还会是一个更大"势能"的总市值正态分布。因为其"体重"沉，所以需要的拉高资金总量就会多，是一件做起来比较困难的事。

但是，总市值的幂律分布向上"修正"，因为其"势能"小，筹码集中度高，散户持有的筹码总量少，且在各个价格上零散分布，所以拉高所需要的资金总量就少得多，是一件做起来"很轻松"的事情。所以，股票集中度高的幂律分布，维持其存在所需的量能最低，改变价格所需要的资金量也最少。

同时，正态分布向下发展出幂律分布，先要达到"临界"状态，这是一件消耗时间的事情；所以，在多数时间里，我们看到的是正态分布会在一定范围出现的上下波动（多数时间里，都不是好的投资机会）。

正态分布一旦到"临界状态"，微小的意外事件作为催化剂出现，价格开始向下崩溃式下跌，直至在某一低价格再次稳定。这个正态崩溃的过程，是自身势能释放引发的正反馈连锁反应，就像自由落体，像雪崩、地震、桥梁共振等，不需要额外的能量，自身能量的释放就足以完成。所以崩塌过程是快速的、短时间的。

三、从社会学稳定的熵值来分析

如果从热能物理学"熵"的概念，引申到社会学的熵，也可以得到类似的解释。首先，我们要明白，"熵"是一个对群体、系统无序程度的度量。

1850 年，德国物理学家鲁道夫·克劳修斯首次提出熵的概念，用来表示一个孤立的系统，反映了能量在空间中分布的均匀程度，能量分布得越均匀，熵就越小。一个体系的能量完全均匀分布时，这个系统的熵就达到最小值。相反，分布得越是不均匀，熵值越大。

任何一个孤立的系统，比如不和外界进行物质、能量交换的系统，必然会朝着熵最大化——无序状态演化。

在克劳修斯看来，一个孤立的系统，如果听任它自然发展，那么能量差总是倾向于消除的。让一个热物体同一个冷物体相接触，热就会以下面所说的方式流动：热物体将冷却，冷物体将变热，直到两个物体达到相同的温度为止。

群体中无序化的分布、排列是高熵，有序分布、排列是熵减、负熵。从无序到有序必须付出（或者说获得外部新增的巨大能量）才可能实现。

有序是低熵（蕴含高能量），内在含有向无序（高熵值、低能量）的转化动力。

用熵来看待股市的股票集中度，大量投资者持股，有的人买进有的人卖出，每人持有的数量还不一样，属于无序的混乱，最分散，熵值最大；持股集中度越高，股票集中在少数人手中，投资行为趋于一致，有序化高，无序程度低，熵值越低。

集中持股的大机构一般有派发股票的需求（熵增原理）。当无序的状态导致股价下跌后，开始被机构大量买入，资金流入可视为能量流入，就会从无序转变为有序，从高熵转向低熵。

新的信息出现，股价上升。当价格足够高时，机构势必派发手中的筹码给大量的一般小户，从而再次进入无序状态，这就是熵增的过程。

先有低价，才有能量集中流入，才能有序！这一点又印证了我们提出的投资逻辑，排在第一位的是：低价。

1977 年诺贝尔化学奖的获得者普里戈金提出了"耗散结构理论"，进一步将"熵"引用到开放系统。

由大量变动单元组成的相对稳定的结构，就称为"耗散结构"。它最大的作用，就是可以自发地维持自有的一定的秩序性，因为这个系统并不是孤立的，而是开放的。

当一个系统能和外界发生物质、能量的交换，并把自己内部产生的"熵增"排出到系统之外，产生"负熵流"，就可以使系统维持有序。或者说，自身的熵增，小于自外部引入的"负熵"值，两相抵扣，最终是"熵减"，就可以获得"有序"，从混沌走向有序。

所以，保持头脑思维的活跃，获取熵减的信息，是非常重要的。

如果投资者自身处理信息的系统、思维决策方式，保持封闭并且不进行改进，产生了投资亏损，就是系统的熵增。

如果投资者在亏损后猛醒，开放头脑，寻找思维体系的问题，并通过补充新知识去解决问题，改进后的投资体系就会产生盈利，这个过程就是引进了"负熵"。

如果以前自己的亏损导致"熵增"，那么主要是由于缺乏真实、及时的信息，如果行动起来，在投资决策之前，亲自前往要投资的公司调研，和公司的技术人员、高层管理者交流，提高信息的质量，确保时效性，在付出一定的成本后，最终投资获得好的结果，这个过程就是引进了"负熵"。

坚持"知行合一"，不追求短期的高收益，保持灵活的头脑，持续引进"负熵"，就可以做到"有序的、长时间的、稳定的"投资收益。

再回到前面我们谈到的正态分布与幂律分布。

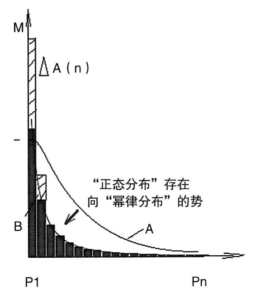

图4-11　正态分布与幂律分布的内在能量差异图

当市场处于过热的状态时，众多散户投资者，像商场的售货员、证券公司门前停车场的收费员、菜市场的摊贩等，都已经在热烈地谈论股票、讨论发大财之门道，就是处于"无序的高熵"，股票筹码分布极度分散，分布状态可能比正态分布还要分散。这种分散状态，正如图4-11所示，存在明显的"能量差"。

一旦出现不利于市场整体，或者不利于单只个股、某个行业板块的新信息，就会造成集体恐慌，形成"踩踏"，导致股价急速下跌。

这个"新信息"就是打破平衡的外力，外部输入的"能量"。因为从高熵值的状态，向低熵值的状态转化，是需要系统外部的能量输入才可能发生的。

有的个股有可能破产退市，但有的个股在经历了痛苦之后，企业重新恢复了生机，并没有消亡。这些顽强存活下来的企业，其股票在价格足够低的时候，被资金量大的机构、基金等持续买入，最终提高了筹码集中度。

有了持续的资金流入，也可视作改变高熵到低熵的外部能量。当机构集中持有时，其投资行为是理智的、一致的、有序的，也就进入"低熵"状态。

所以，从无序到有序的改变，外部能量包括新信息和新资金。只有新信息没有新资金，企业退市，是无法形成"低熵"的有序状态的。

按照"熵增定律"，低熵天然存在向高熵转化的动力，只要集中持股的机构不卖出，外面流通的股票筹码非常少，只需很少的"买入资金"，就可以使股价上升。

当股价足够高，或者别的什么因素，促使集中持股的机构做出了卖出决策，筹码再次派发给大众，恢复到无序的高熵状态，就是一件很容易的事了。

让我们在实际市场中，从股票持有集中度变高以后的股价表现，来找几个这样的证据吧。

案例 1　贵州茅台（600519）

我们以贵州茅台为例。虽然我们无法获得茅台全部股东的持股情况，但是可以以茅台的机构客户持股为小样本，来推测全体股东的持股情况。图4-12 是 2017 年第三季度末（截至 2017 年 9 月 30 日）持有茅台的机构投资者的情况。

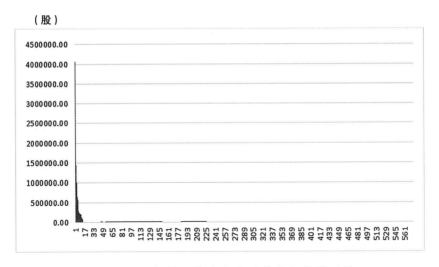

（股）

图4-12　2017年第三季度末贵州茅台机构持股情况

截至 2017 年 9 月 30 日，去掉第一大股东，共有 576 家机构投资者持有茅台。很明显，呈现"幂律分布"。

虽然我们不能说"幂律分布"是价格上涨的充分条件，但是至少可以认为，在 2017 年第三季度末，茅台的股份"幂律分布"是一种很稳定的状态。由此时间往后，茅台股价"轻松"上行，不断创下历史新高，如图 4-13 所示。

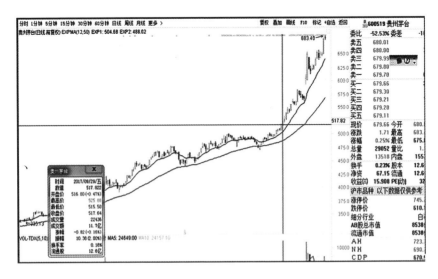

图4-13　贵州茅台股价在2017年第三季度末之后的表现

案例 2 华大基因（300676）

同样，我们再以华大基因为例。虽然我们无法获得华大基因全部股东的持股情况，但是可以以华大的机构客户持股为小样本，来推测全体股东的持股情况。图 4-14 是 2017 年第三季度末（截至 2017 年 9 月 30 日）持有华大基因的机构投资者的情况。

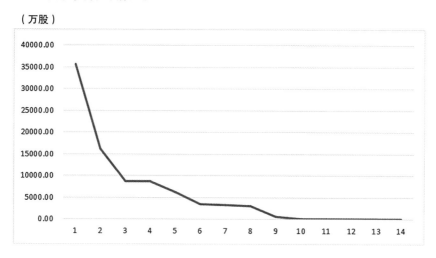

图4-14 2017年第三季度末华大基因机构持股情况

截至 2017 年 9 月 30 日，共有 14 家机构投资者持有华大基因。很明显，呈现"幂律分布"。

虽然我们不能说"幂律分布"是价格上涨的充分条件，但是至少可以认为，在 2017 年第三季度末，华大基因的股份"幂律分布"是一种很稳定的状态。由此时间往后，华大股价"轻松"上行，不断创下历史新高，如图 4-15 所示。

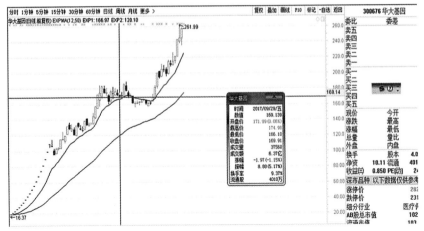

图4-15 华大基因股价在2017年第三季度末之后的表现

案例3 中际旭创（300308）

我们以中际旭创为例。虽然我们无法获得中际旭创全部股东的持股情况，但是可以以中际旭创的机构客户持股为小样本，来推测全体股东的持股情况。图4-16是2017年第三季度末（截至2017年9月30日）持有中际旭创的机构投资者的情况。

（万股）

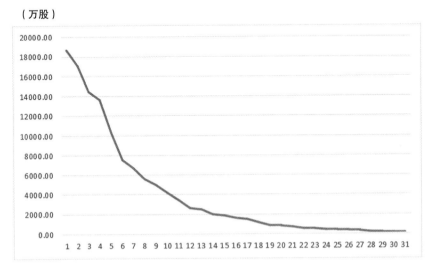

图4-16 2017年第三季度末中际旭创机构持股情况

截至 2017 年 9 月 30 日，去掉第一大股东，共有 31 家机构投资者持有中际旭创。很明显，股票持有集中度很高，呈现"幂律分布"。

虽然我们不能说"幂律分布"是价格上涨的充分条件，但是至少可以认为，在 2017 年第三季度末，中际旭创的股份"幂律分布"是一种很稳定的状态。由此时间往后，中际旭创股价是否可以稳定在 40 ~ 50 元之间，就是对本理论一次很好的检验。

四、从信息论的角度来分析

现代投资金融学（芝加哥学院派）最主要的前提之一是投资期望收益率呈正态分布。现在我们就用信息论来证明，正态分布的假设前提是错的。

1. 信息论相关内容

信息论是第二次世界大战后，随着计算机和网络技术发展起来的，专门应对、解决"不确定性"的新理论。香农创造性地提出了信息的度量单位"比特"。下面我们简单地介绍一下相关内容。

假设有一个盒子，里面有黑白各一个小球，拿出任一个球的概率是均衡的 50%，想弄清楚拿出的球是什么颜色，所需要的信息，就是"1 个比特"。

那比特是怎么应用的呢？我们再举个例子，有 32 支球队参加世界杯，那么谁会是最后的冠军呢？一般大家会想，32 取 1，需要猜 32 次，要 32 比特的信息。用信息论来看，就不是这个结果了。

假设上帝知道谁是冠军这个答案，我们只需要提问 5 次，5 比特的信息，就可以找出来了。

先把 32 支球队，分成各 16 支的上、下两区，第一次问：冠军在上区吗？是的话，就继续将上区再分区，再提问；不是的话，就将下区再分区，再提问。

一共只需要提问 5 次，就可以找出冠军队伍。

我们发现，2 的 5 次方，就是 32，也就是说，以 2 为底，32 的对数是 5，写作 $\log 32 = 5$。

2. 应对不确定性的金融投资

我们假设一个股票市场里，有 8100 只股票，那么每天股票价格的波动，只有三种结果：涨、跌、平。

就按最简单的均分，那么第一天过后，2700 只涨、2700 只跌、2700 只平。

第二天就有 3×3 = 9 种可能；

第三天就有 9×3 = 27 种可能；

第四天就有 27×3 = 81 种可能；

……

我们就能看出，这是一个 3 为底的幂律成长。

如果从第一天开始，一直到第四天结束，连涨 4 天的股票有几个呢？

第一天，有 2700 个涨；继续均分，第二天，有 900 个涨；第三天有 300 个涨；第四天，只有 100 个是涨的了。迅速衰减。

如果再加一个条件，每天的涨幅要大于 3%，那么条件"上涨"就可以分为"涨幅 0% ~ 3%"和"涨幅大于 3%"。还是以简单均分为前提，那么这个数列就变成一个以 4 为底的幂律成长。

如果连涨 4 天，每天涨幅 3%，那么一共涨了 12.5%，这个涨幅所对应的股票数，就是 log(4)8100，具体计算过程就不在这里呈现了，相信大家都能明白其中的分布道理。

真实的世界里，涨跌平的股票数量，并不是均分的，情况还要复杂得多。所以连涨四天所得的最高收益率，所对应的股票数量极少。

收益率和股票数量函数曲线，一定呈现以 4 为底（底数可能是更高的 5、6……）的对数曲线，简称幂律分布曲线，如图 4-17 所示。

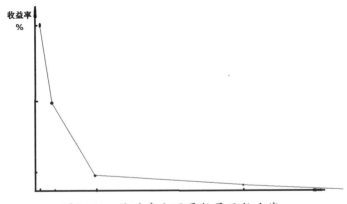

图4-17　收益率和股票数量函数曲线

真实的世界是这样的幂律分布。学院派的"收益期望值正态分布"假设，最终出错，也就不足为奇了。

小结：

社会学的幂律分布才是稳定状态，正态分布内含势能具有向幂律分布转化的势能冲动。

金融市场由投资群体组成，天生具备周期性和群体性。

第二节　有限理性人

近些年发展起来的行为金融学指出，人不是"完全理性人"，只是"有限理性人"。

当人的大脑——"信息处理器"在决策复杂不确定性的时候，无法做到信息全获取的"完备性"，只是用"近似"代替"精确"，以"寻求满意"替代"寻求最优"；进一步看，大脑还存在"注意力偏差"，无法长时间地对事物高度集中思考。这些来自人类进化之前的固有特征，导致现代人类只是有限理性人。如何从科学上证明这个结论呢？

先举几个定性的例子，"次优策略"（寻求满意）比"最优策略"要靠谱。

例子一，魔方是大家都很熟悉的一个玩具，据说它有43万亿种初始情形。

魔方初始情形都对应一个还原步数最少的路径，我们称之为"最优策略"。在实际中，人们不会用这种"最优策略"，而是采用某种"套路"，遵循一定的规律和步骤去转魔方。"套路"一般不是步数最少的路径，它是一种"次优选择"，是有效的解决方案。所以"次优策略"反而是更好的选择，它的容错率高，并且可以对应普遍情况。

再举一个傻瓜相机的例子。专业相机需要调校光圈、速度、景深、白平衡等参数，普通人不会用那些复杂的功能。所以，傻瓜相机就是另一个很好的"次优选择"案例。

以上两个案例的启示是：受制于人的认知能力，"规矩"（或者说"套路"）虽然限制了人们的可选方案，但是却增强了人们解决复杂问题的能力。

我们在第一章节，也引用了"囚徒困境""阿莱悖论"等，说明了复杂情况下的大脑思考与选择，论证了同样的结论。

我们进一步用数学公式，来定量证明"人类只是有限理性人"这个结论。以下内容，来源于 Heiner 的 *The origin of predictable behavior*。

1. 近似替代精确

Heiner 的这篇文章认为，由于人类认知能力的有限性以及环境的复杂性，人类行为从不是"最优化"的结果，而是有限认知下的次优选择。新办法可能会提高效率，但是无法确定是否可靠；在不确定性越强的时候，人们越有可能依赖老办法，放弃创新的可能性。"循规蹈矩"导致人的行为和选择存在着不断重复，这也让"预测"成为可能。因此，Heiner 把这篇文章命名为"人类行为可预测性的起源"。用作者的原话说，Uncertainty (of the environment) becomes the basic source of predictable (human) behavior。"不确定性"是人类行为的可预测性的来源。

因为环境越复杂时，新颖、复杂的解决办法，所带来的最终效果，越难被准确估计，所以，此刻人们的决策过程，越倾向于简化问题，用过去使用过的、简单的办法来辅助决策。这意味着，此时人们主动降低可供选择的选项数目，把复杂路径的选项首先排除。

2. Heiner 表述人类有限认知的数学公式

$$\frac{r(\text{U})}{w(\text{U})} > \frac{l(e)}{g(e)} \cdot \frac{1 - \pi(e)}{\pi(e)}$$

这个公式该如何理解呢？下面以爬山的案例进行说明。

小明面对的问题是从山脚下爬到山顶。假设他已经知道有两条路可以选择（现在有两种解决方案），如何选择，取决于天气情况。在晴天，第一条路上山最快；在下雨或下雪（非晴天）时，第二条路上山最快。这样，无论天气怎样，别人在预测小明爬山的路径时，可知道他总会选两条路的其中一条，不会"出乎意料"。

现在小明新观察到了第 3 条上山的路，那么小明是否会把这条路纳入考虑范围呢？这就用到了上面的那个公式。

假设第 3 条路是下雪时登山最快的路（小明在主观上并不知道这一点）。他来分析、决断把这第 3 条路纳入解决方案的好处（收益）和坏处（损失）。

先考虑好处（收益），这与下面三个因素有关：

r(U) 表示的含义是，当真的下雪时，小明选择这第 3 条路的概率，这个 r 越高，说明小明的判断能力（认知能力）越强。r 表示 right，意思是"选它选对了"，或者"正确答案正是它的时候，选择它的概率"，这与小明的判断能力 (U) 成正比。

g(e) 表示的含义是，下雪天，小明选择这第 3 条路时可以获得的好处（最少的时间、体力等）。g 表示 gain 的意思。

π(e) 表示下雪天出现的客观概率，这个概率与环境的复杂程度 (e) 有关。

把这三个项目乘在一起，就是第 3 条路的期望收益：

期望收益 = "判断出来应该选它" × "选它的好处" × "它的客观发生概率" = r(U) × g(e) × π(e)

再考虑坏处（损失），与前面完全对应：

w(U) 表示的含义是，当不下雪时，小明选择第 3 条路的概率。w 表示 wrong，意思是"选它选错了"或者"正确答案不是它的时候，选择它的概率"，这与小明的判断能力 (U) 成反比。

l(e) 表示的含义是，当不下雪时，小明选择这第 3 条路时导致的损失（多花了时间，多消耗了体力等）。l 表示 loss 的意思。

1 − π(e) 表示非下雪天出现的客观概率。

这第 3 条路的期望损失就是：

期望损失 = "错误地选择第 3 条路的概率" × "选它的损失" × "非下雪天的客观概率"

= w(U) × l(e) = [1 − π(e)]

因此，综合考虑收益与损失，把这第三条路加入备选方案的条件是：

期望收益 − 期望损失 > 0

r(U) × g(e) × π(e) − w(U) × l(e) × [1 − π(e)] > 0

（这个公式原文中没有，是笔者新加入的，基本符合我们在前面给出具体定义的"路径价值"。）

稍加调整以后如下，原文称为 Reliability Condition（可靠条件）：

$$\frac{r(U)}{w(U)} > \frac{l(e)}{g(e)} \cdot \frac{1 - \pi(e)}{\pi(e)}$$

不等式左边，让 T = r(U)/w(U)，定义这个 T，为小明的认知能力，或者判断力。

不等式右边取决于两个因素：一是第 3 条路的收益风险比，多花的时间、体力等损失变动值，除以少花的时间、节省的体力等收益增加值；二是事件本身发生的客观概率，下雪天出现的概率，取决于环境的复杂程度。

首先，假设收益风险比为常数，让 l(e)/g(e)=1，于是 T 和 π(e) 呈现的变动逻辑关系表现为：

$$T > 1 \cdot \frac{1 - \pi(e)}{\pi(e)}$$

明显，新路径的 π(e) 降低，右边的数值升高，门槛就越高，T（认知能力）想超越门槛越难，如图 4-18 所示。

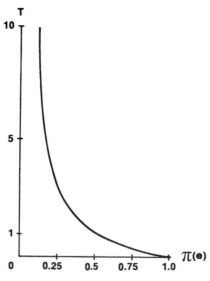

图4-18　T和π(e)的变动速度关系

如果爬山的地点环境很复杂，有可能是晴天，有可能下雨，有可能下雪，这时，π(e) 较小，此时要想把这个新解决方案加入备选菜单的"门槛"

就会升高。

如果小明爬山的地点，经常下雪，即 π(e) 较高，则环境情况容易判断，那他很快会明白，选择第 3 条路的好处，从而作出明智正确的决策。

当然，如果小明爬山的地点，从来就不下雪，即 π(e) 值为 0，那么环境的复杂程度就降低了（只有晴天和下雨），第 3 条路的备选方案也就失去了存在的价值。

假设事件本身发生的概率为常数，那么其变动逻辑关系表现为：

$$T > \frac{l(e)}{g(e)} \cdot 1$$

收益风险比中，选择第 3 条路，所带来的结果越明确，越容易做出选择。例如，选对了，收益增加值很大，选错了，损失变动值小，门槛越低，越容易做出选择。

我们可以看到，小明最终的决策，取决于第 3 条路的收益风险比和下雪的客观概率。如果环境太复杂（π 值较低，小明无法准确地预测爬山的时候会不会下雪），或者第 3 条路无论下不下雪，带来的收益或者损失的变动都不大，那么他就没必要把这第 3 条路放入备选清单。因为他根本无从判断何时应该选择它，或者，小明根本搞不清楚，第 3 条路的收益和损失，所以，即使小明新发现了第 3 条路，也会在爬山之前，自动放弃、漠视这一路径的存在。

人类的大脑在做复杂问题的决策时，如果准备尝试新的解决方式、方案，或者路径，那就需要搞清楚新路径的发生概率、决策正确后能带来的收益增加值，以及选择错误后带来的损失变动值。这对于大多数人来说，都是很困难、在事前几乎无法做到的一个巨大工程。

所以，人类大脑都会倾向于"摒弃"太过复杂、一时看不清结果，或者效果的路径，采用过去熟悉的应对方案，或者跟随周围大多数人的脚步（从众心理），循规蹈矩地处理事情。

这就是行为金融学里面我们实际观察到的"有限理性人"，大脑决策，用近似代替精确，以"寻求满意"替代"寻求最优"的根本原因。

现实中，我们来分析一下，当股灾来临时，为什么有人以极低的价格，卖出自己持有的优秀的投资标的。

股灾来临，股价快速下跌，给投资者带来本金（或者前期账面浮动利润）的重大损失。此时，投资者主要考虑的是，损失是否会继续扩大，担心的是价格是否会继续下跌。

在复杂的不确定性面前，一旦投资者得出股灾还没有结束，价格还会继续下跌的结论，就会现价出售手中的资产。接受确定的损失，回避不确定的更大的损失。

这是一个典型的"有限理性人"案例。

行为金融学的研究，发现了投资市场上投资者存在明显的"注意力偏差"，由于人类的持久注意力，需要非常高的能量，所以我们的注意力本身就是一种稀缺资源。其外部表现为两点。一是最近发生的事情，可能对我们的影响力更大（心理学上称为"遗忘曲线"）；二是周围的声音，比如媒体、网络等的报道、传播的内容，会对我们的思维造成较大影响。

这个注意力偏差，刚好可以准确地解释我们提出的"消费类公司业绩改善的先导变量，是该公司产品的广告投入量"这个结论。我们已经发现，一家普通的消费类产品公司的股价，长时间比较稳定的话，一旦在媒体上看到它们产品的广告，往往意味着半年后股价开始上升，并伴随着其业绩的改善。当时只看到这个统计结果，并不清楚其背后的原因。现在如果用"注意力偏差"，就可以很好地解释这一现象了。

首先，当公司的广告投入后，会被越来越多的消费者注意到，然后消费者去买它们的产品，导致其营业收入、利润等业绩改善。

其次，当公司的广告投入后，也会被越来越多的投资者注意到，投资者开始关注它们的股票，并评估其股价。如果后面能看到其业绩的改善等经济数据的支持，一定会引来越来越多的买入资金，并降低已经持有股东的卖出意愿，最终导致股价开始逐步上升。

案例有海天味业、云南白药、波司登、香飘飘、格力电器等，这些企业都是在广告投入后，股价上升。并且，公司在尝到业绩提升的甜头后，加大了广告投入力度，从而带来更好的业绩，导致股价更稳步提升。

国外的案例有可口可乐、麦当劳、耐克、阿迪达斯等。

第三节　群体博弈

投资者众多，所以我们把他们的行为，看作互为博弈。博弈的结果，形成群体行为。

一、从众心理

群体行为是个体博弈趋于一致的结果。

如果作为单独存在的一个投资者来看，肯定不会存在"低风险高收益"的投资机会，因为人人都不傻。可是当金融市场成为一个群体整体，存在于市场中的每一个个体，都会受到"旁边"人的行为的影响，都会以市场价格的上涨下跌作为采取何种行为应对的依据，从而导致"集体疯狂"。这个时候，就会出现狂涨的顶点、极度悲观的转折点。

以前面的"种土豆"为例。

如果每一个人都可以自由地作出选择，那么每个大脑都会趋利避害，作出利于利益最大化的决策并行动。

在人类社会中，人是群居动物，行为和结果会在人群之中传播传导。当一群同质化（智力相当、独立自由、决策模式类似）的人做同样的事情时，就产生了群体博弈，其结果往往和出发点大相径庭。例如著名的"囚徒困境"，就是从单一个体到有限群体（二三个人）博弈的结果，出现了和个体选择明显不同的行为选择。

当群体数量增加至不可预知的量级时，多重博弈的最优结果，个体大脑无法预测，所以只能选择次优的，"跟随大众"的安全模式。

因为在人类的进化史中，脱离群体的单独个体，首先会被掠食者击杀。所以跟随群体是安全的这一准则，已经深深地刻在每个人的脑海之中。

股市投资就是一场买卖双方，再加第三方场外资金的三方博弈，如前文图 3-7 买方、卖方和场外资金的三方博弈所示，具有人数不可测、资金量总额和资金变化量不可测的特点。所以，从众是安全的。

能在群体博弈中胜出的人，往往是提前就认识到"个人行为和群体博弈"结果不同的高认知人士。以前面的种土豆为例，当看到大家都去扩种土豆，自己就选择减产，或者改种玉米来避祸；等土豆价格暴跌、众人犯错、赔本的时候，自己再悄悄扩种，就能在群体博弈中利益最大化。

所以，在群体博弈中，有高认知的人，其行为往往是"逆大众的少数另类"。

投资行为是"逆大众的少数另类"，其背后除了"逆人性"的考量外，还可以从数学上来解释。例如，一个50人的班级，出现生日相同的两人的概率是多少？如果正向解答，很复杂，所以我们只要逆向思维，计算50人的生日都不相同的概率，然后用100%减去这个概率，就是至少有2人生日相同的概率。那么，50人生日不同的概率是：

$365 \times 364 \times 363 \times 362 \times 361 \cdots X \times 315 \div$（365的50次方），大致为：

0.0255680，也即2.56%，那么至少两人生日相同的概率就是：

$1 - 2.56\% = 97.44\%$

这么高，大大出乎意料吧？

在投资中，我们尽力排除风险因子，降低了下跌概率，那么自然就提高了上涨概率。这就是逆向思维的好处。

以上结论，是可以在心理学研究中找到理论支持的。人类大脑的研究中，发现了一些具有感觉和运动双重功能的神经元，称为"镜像神经元"。比如，你自己做一个动作，会有一些神经区域被激活；当你看到旁边的人做同样的动作时，这个神经元一样被激活。看电影会让人感到欢喜、悲哀、激动、兴奋等都是类似的例证。所以，人类具有理解其他动物的经验和动机的能力，这种能力是其他低等动物不具备的。

这种理解可以带来好的（同情、合作），或者恶的（操纵、好胜）社会性。镜像神经元可以根据自己的行动，去理解其他生物的行为活动，这正是"意识学说"的生物学基础。

应用在对"投资群体行为特征"的分析时，首先，搞明白单个个体的投资思考、决策过程；其次，因为镜像神经元的存在，每个个体的行为（无论对错）会趋于一致；最后，因为周期性的作用，在群体行为高度一致时，逆大众而行，就是"正确的少数"。高认知的人就是这类认知了人类群体行为特征后，对之采用正确策略应对的人。

孙子兵法曰：不可胜在己，可胜在彼。放到投资上，可以理解为，提高自己对投资、对投资群体行为的认知，使自己不可被战胜；然后等待对方、等待市场整体犯错，自己再出手去获得投资成功。

二、博弈时大众心理：信息不对称

我们思维决策的过程，如图4-19"思考的黑箱"所示。

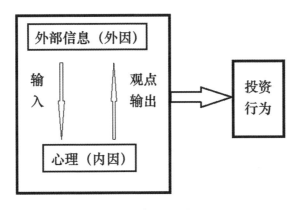

图4-19 思考的黑箱示意图

第二章钟摆模型告诉我们，价格变动的概率随着变动的方向衰减。可是人们为什么会得出"越涨越可能继续涨，越跌越可能继续跌"的结论，从而"追涨杀跌"呢？

每一个投资者所获得的"输入"信息都是不完全的，并且大脑也明白自己无法获得完全的信息。在这种情况下，心里会担心"存在自己未知的信息"，而这些信息使得"价值中轴Am"发生了改变。从而认同、跟随价格变动的趋势能够持续。例如，在A1的买进和A2的卖出中，都是在知道"自己没有全部信息"前提下，做出的"损失规避"决策——在A1担心"少赚"，在A2则忧虑"亏损扩大"。

如果我们再细分大脑的思维决策过程，可以看到：

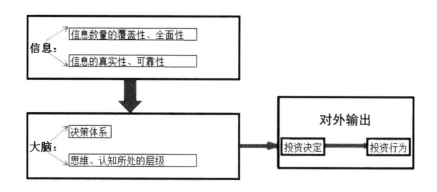

图4-20　大脑的思维决策过程

我们的大脑，依靠输入的信息和自己的决策体系来做出投资决定，再由投资决定做出对应的投资行为。

输入的信息包含两大要点，一是信息的量，占社会全部信息之比称为覆盖率；二是信息的真实性，真实信息占输入大脑的全部信息之比称为可靠性。

普通投资者在信息覆盖率和可靠性上存在天然的劣势，如果投资决策体系、认知基础还不够好的话，博弈中就容易处于下风。

机构投资者实地调研、聘任经济学家和职业基金经理，就使自己在信息和思想两大方面处于优势地位，博弈取胜的概率就会相当高了。

所以，众多投资者已知自己处于"信息不对称的弱势"地位，做出了错误的非理性决策。

三、来自《行为金融学》的研究例证

从前面第三章节里提到过的"周期性"来看，股价的波动规律存在"钟摆效应"：同方向运动存在持续时间，在未来的时点存在方向反转。

那么在实际市场中，有没有真实的例证呢？

通俗地讲，我们先看看掷硬币游戏，每一次掷硬币出现正反面的概率为

独立的 50%，而且不受上一次结果的影响，那么为什么连续出十几个正面（或者反面）的结果并不多见呢？我们是这样证明的：

第一个正面的概率是 50%，那么第二个正面的概率，就是在第一个 50% 发生后的 50%，依此类推，连续出现 N 个正面的概率就是：

$$P = (50\%)的N次方$$

所以，连续出现相同面的结果，就不多见了。

因此，从时间维度来看，同一面出现的次数越多，下一次出不同面的概率 P（反）= 1 − P，越高。这可以近似地称作"周期性"。

再换一种证明方法，从整体的大次数看，正反两面出现的总次数均衡，50∶50，所以当一种面连续出现的次数越高，出现反面的概率也越高，也是一种转折，一种周期性的体现。

从严谨的学术角度出发，在陆剑清主编的《行为金融学》一书中，对于"长期反转效应"和"短期动量效应"的论述，恰恰印证了上面的推测。

1. 长期反转效应

德本特（De Bondt）与塞勒（Richard Thaler，获 2017 年诺贝尔经济学奖）将 1926—1982 年所有在纽交所上市的股票，根据过去 3 年的累积非正常收益率排序，将过去 3 年表现最好的 35 只股票，形成"赢组合"；同时间段表现最差的 35 只股票形成"输组合"。然后考察这两个组合在随后 3 年中的收益率，最后发现，在所考察的时间区间中，"输组合"的收益率比"赢组合"的平均每年高约 8%，3 年累计高约 24.6%。

他们定义这种效应为 winner-loser effect，即赢输互换效应，或者"长期反转效应"。

这种以"年"为考察周期的长期反转效应，在现实世界里，真实地证明了"周期性"里"钟摆点"的存在：在一段较长的时间里，表现差的股票，可以理解为在钟摆的最差侧附近，最佳的股票在最优侧附近，随后出现的反转是，最差变最好，最好变最差。

2. 短期动量效应

杰加迪西和蒂特曼在 1993 年发现了美国股市存在短期动量效应，即在 3 ~ 12 个月的较短时期内，赢家（或输家）在随后的 3 ~ 12 个月内，会继续成为赢家（或输家）。

动量效应的产生原因，不能用风险来解释，但是可以从"周期性"角度来解释：

企业的发展，在这个时间段，出现了显著的改观，从而吸引资本市场的注意，形成持续的关注。因为投资者的"有限理性"，在对未来的预期上，高估变化的变量，所以忽视了"风险"。

从对实战的指导意义出发，投资者无法预测"钟摆反转时点"的出现位置，以及其他不可预测因素的出现，所以很难使用短期动量效应。但是，本书所推崇的整体思想，是建立在"周期性"真实存在的基础上的。如果真实世界里有，那么这个体系所作的全部论证，就有了可以施展的空间了。

投资者心理效应还有"即时满足""延时满足""决策参考点变化""风险偏好变化""禀赋效应"等很多内容，不再赘述。

第四节　贝叶斯法则

中文里面有"见一叶落而知秋"的优美词句。这就是一个人类大脑从小见大、见微知著的典型思考过程。我们首先看到了一个新事件（接收到新信息），然后从小样本（一叶落）出发，推测大样本（全部树叶）将落，得出结论（秋天将至）。

这就是人类大脑利用部分信息（不断出现的新信息）去开拓预判的思维过程。

早在 18 世纪中叶，就有英国数学家托马斯·贝叶斯提出了统计概率里的贝叶斯法则。即人在不能掌握完整信息时，决策的"逆逻辑"过程，用小样本结论去推测最终的结果。作决策时最初判断出的概率，为先验（主观）概率，然后根据事件发生的客观结果，再逐步修正原先的先验（主观）概率，得到后验概率。接着按照最终获得的后验概率，进行决策并采取行动。换句话讲，支持某项属性的事件发生得越多，则该属性成立的概率就越大。

贝叶斯法则的原始模型。

事件 A 和事件 B 同时发生概率：

P(AB) = P(A) × P(B/A) = P(B) × P(A/B)。由此可推导出，在事件 B 发生后，事件 A 的发生概率为：

P(A/B) =［P(A) × P(B/A)］/P(B)

P(A) 为先验概率，P(A/B) 为后验概率。

如果事件 B 是一系列独立事件，那么用贝叶斯条件概率公式表现为：

$$P(B_i \mid A) = \frac{P(B_i)P(A \mid B_i)}{\sum\limits_{i-1}^{n} P(B_i)P(A \mid B_i)}$$

先验（主观）概率，是公式的右上因子，由经验判断得来的；

后验概率，是公式的左边因子，是我们决策时实际需要的。

举个例子，有一袋球，数量未知，但是很多，只有白球黑球。每次拿出一个，拿出黑球的概率是多少？或者说，人们如何判断袋中黑球的占比是多少？（见图 4-21）

图4-21　白球黑球概率推测

我们知道，拿出黑球的概率，实际就是黑球占总球数的比例。那么思维的过程是这样的：

开始初判一个先验概率，比如拿出来两个，一个黑球，一个白球，得到比例50%，就是说下一个球是黑球的概率为50%。接着，再拿一个看，黑球，可能会将概率调整为51∶49；再拿一个看，黑球，可能会将概率调整为52∶48。

我们将拿出来可以看到的一小堆球称作"小样本"，拿出的黑球越多，小样本的黑球比例越高，从而我们推测袋中（大样本）黑球的占比越高，那么就会预测下一次拿中黑球的概率越高。

如果拿到白球，就调低比例，如45∶55。

拿出球的总数为10个时，得到一个比例H1；总数为50个时，又有一个比例H2；拿出总数为100个时，还可以得到一个比例H3。很明显，拿出的总球数越接近全部数量，黑白球的比例就越真实。

那么，人们会用H1、H2和H3，来推测袋中黑球的比例，再去预测第11个球、51个球和101个球是黑球的概率。

所以，后验概率就是实际得到的H1、H2和H3。人们就会从现实得到的小样本H1、H2、H3，来判断大样本中黑球的占比，推测下一次拿出黑球的概率。

理一理思路：人们用小样本的概率，来推测大样本的概率；同时，用新出现的信息，来修正大样本的概率判断（大脑就是这样被带到沟里的）。

以炒股的例子，来说明人类大脑的思维过程，首先来说明"追涨杀跌心理"（我们把黑球视为涨，白球视为跌就行）。一开始，判断大势或某个股为90%下跌（白球）、10%上涨。这个就是先验概率（无论对错）。之后的一段时间，涨涨跌跌，那么维持原来的判断。可是，如果第二天上涨、第三天上涨、第四天上涨，那么就会调整原来的跌90%、涨10%概率的结论到60%跌、40%涨的后验概率，从而可能准备入市投入资金了。再接着涨的话，判断结论就会修正为40%跌、60%涨，从而买进，导致了事实上的追涨行为。杀跌的心理过程也是一样的。

人们习惯于追涨杀跌，即看到股价上涨，就会调高上涨概率的预判，看到股市成交清淡，价格下行，就会认为还会继续下跌。当价格的变动还没有到达边界值时，追涨杀跌的策略是有效的，那么好的结果反馈会加强投资者的决策思维。当股价达到边界值附近时，情况逆转，就会错失高价卖出或低价买入的绝佳良机。

以炒股的例子，来说明人类大脑的思维过程，再来说明从众心理。炒股会赚钱的概率，一开始很低，比如10%（先验概率，假设他知道1赚1平8亏损）。一段时间内，身边的亲朋好友，没有什么人赚到钱，或者有人赚，有人赔，那么他就会维持"炒股赚钱的概率只有10%"的判断，而不会入市。当身边传来朋友们一个一个炒股赚钱的消息时，他就会逐步提高自己对"炒股赚钱的概率"至20%、30%、50%、80%，甚至100%！然后毅然投资金进入股市。如果他在投入资金后，也赚了钱，自己就成了一个成功的案例，从而继续影响身边的人的决策行为。

所以说，投资的正确打开方式是，涨时看跌，卖出；跌时看涨，买入。再加上"逆人群"心理，没人谈论股市的时候，准备入市，人人都在赚钱、大谈特谈股市的时候，撤退。

如何提高投资人对先验概率的判断准确度呢？有点类似于选择高 A1 的优秀企业的方式。假设已经选对了一个高 A1 的企业，那么就有了一个相对高的先验概率，相当于选了一个黑球占多数的麻袋，黑球的比例本来就高。就算连续取出白球，大袋中的白球减少、黑球总数不变，即意味着下一次黑球出现的概率越来越高！

这个结论无疑从概率上验证了钟摆周期存在的合理性。

第五节　投资者常犯的错误

投资机会的评估与抉择，实际上就是路径分析。首先，计算选择路径价值最高的方案 A。其次，成功后获得的收益是否满足（收益满足程度），失败后造成的损失。是否可以接受（风险厌恶程度）。最后，成功后的收益（率）除以失败后的损失（率），收益风险比实际就是夏普比率，单位风险下的收益率，也可以作为决策前的参考。有关投资决策的内容，在后面的章节展开讨论。

现实投资中，投资者关注的因素，往往偏离了这些核心直接因素，受限于大量的间接因素，如宏观政策、经济周期、行业新闻、企业财务指标，甚至发电量、货币变动、大宗商品价格等。

行为金融学上讲，人们习惯于获取"有利"因素，而忽视"不利"因素。抛开这些"坏习惯"不谈，在重视全部信息的前提下，投资者的分析，能做到多少是正确的呢？

从投资成功的事后分析上看，投资并不是"预测对了未来"（对上边界A1的追求），只是"发现了当前人们集体犯了错误"（对下边界A2的认证）！然后做出了正确的应对动作——出手。

所以，投资时，如果偏重预测的话就会像"墨菲法则"一样，越不希望发生的，越是会发生。

1. 预测结果的准确性

从历史数据看，没有什么人能一直预测对。比如国债利率变动方向和幅度，根本没有人可以一直预测对；再如行业的发展周期，没有人可以一直准确地预测经济的波峰、波顶。

2. 大家都预测对了，就没有价值

如果大家都这么预测，那么价格就会提前得到反映。只有逆反群体行为做出的论断，才是在结果出来后，有价值的。这好比福彩号码，少数预测对的人，就可以赚大钱。如果人人都知道了，就没有什么价值。

3. 预测的手段

一般情况下，投资者都是用已知的数据，加上自己的逻辑，来做推论。逻辑的错误、数据的偏颇、意外事件的出现，都会让结果和预测的产生偏差。

当我们明白了自己分析所用的方法、数据的特征后，再来看：

经常公布的宏观经济数据与你的投资结果有直接关系吗？经济向好，可是股价买在高点，一样亏钱；经济向好，刚好投资在周期的反转处，一样亏钱。

宏观影响行业，影响整体市场，行业和整体市场再投射到单一个股，所以，只有间接关系。

不如直接分析某个具体标的的期初价格 V0 是否靠近下边界 A2，最简单直接。

得到 APP 创始人罗胖有一个观点：宏观经济就像是世界的平均温度，是上升还是下降以及上多少（降多少），而微观经济就是当地的气温或者阴晴，再进一步，今天出门要不要带伞。相比较而言，投资者更需要当地的气候变化甚至今天下雨的概率。

企业所处的行业与你的投资结果有直接关系吗？答案是没有，市盈率极高的周期股，处在衰退的末期，同样意味着处于复苏的早期，一样是好的投资机会；行业影响整体发展，整体行业影响单一个股，所以，只有间接关系，体现在某个具体标的的上边界 A1 的分析上。

同样，您了解了当地一年四季的气候特点，并利用其为生意服务，就一定能赚钱吗？并不一定。只有提前发现今年夏季高温会延长、冬季寒冷会提前这类信息，才可能领先于同行业里的竞争者。

企业自身的利好或利空因素，和你的投资结果有直接关系吗？答案是有部分的直接关系，改变价值因子 V。前面举例时我们计算过了，即使是消费升级的转变期，贵州茅台买在高点，也很难盈利；一家特殊原因被“ST”处理了的上市公司，原股东失去信心，转让了控制权，企业获得新的东家，新的资产，新的经营项目，股价照样上行。

企业自身的利好，会影响价值因子 V，对价值中轴 V0、上边界 A1 的未来成长有影响。

还是以气温为例。夏季高温延长，可是您准备的消暑产品进价过高，进货量太大，在夏季结束前没有全部售出；或者，冬季提前，保暖衣物定位不准，还是不能给您带来利润。

期初价格 A0 的高低是核心因素，和投资结果有直接关系的，就是价格！

放弃孜孜不倦的对各种数据的痴迷吧！试图通过对数据的分析，来寻找投资机会，就像在赌场里，用心来记录“出大小的路数”一样。

投资者可以做的，就是“价格一票否决制”。任何听起来极度诱人的“投资机会”，只要期初价格 A0 高，请直接放弃。

用短期价格涨跌来评判投资标的的好坏：股价短期涨跌的原因有很多，

有大盘因素、宏观因素、企业次要因素等，但是投资者经常会错误地判断"归因"：

——买完后股价上涨，可能是大盘、行业向好等，投资者却认为买对了、标的好，进而归因于"自己眼光好、能力强"。

——买完后股价下跌，可能是大盘、次要小利空等，投资者却认为买错了，存在自己不知道的利空因素，买了一个"坏企业"。

小结：

①个体一定会犯错。我们已经论证了投资者作为个体，在投资决策中一定会选择犯错的思维和推理方式。

投资者并不是完全理性人。人们会简化、忽视"最优"选择；思维过程被"贝叶斯"法则左右。

②群体行为趋于一致。从人类的基因里带来的，人的行为必然是从众的。任何孤立的、单独的、与大众相反的行为，必将给个体安全带来极大的心理压力。

③信息被社交媒体迅速传播。当人类摆脱了原始的散居状态，以城市作为"群居点"的形式，导致了信息在人群中的传播加剧。

随着科技的进步，信息传播的途径增多，速度大幅提高。这意味着金融交易市场的价格波动幅度加大，时间间隔缩短。

投资者知道自己获得的信息不完备，担心未知的信息不利于自己，从而轻易调整自己的行为，使个人行为与群体行为一致。

不断出现的"新信息"，逐步引导人群形成"共识"。当认同的投资者人数越来越多的时候，股价就会沿着原有的方向形成"趋势"，直到"认同度高度一致"。当认同度不一致时，就会出现反复波动的振荡。这个时期是无法赚大钱的，因为"人群认同度"无法被准确测量。

我们从三个方面：市场内部存在不稳定势能、个体有限理性和处于群体中的个体的信息不完整性，推进到周期性和群体性，论证了金融投资市场里存在"低风险高收益"的机会。

《黑天鹅》的作者塔勒布，发现了金融市场意外事件总是以高于人们预判的频率出现。但是黑天鹅事件、金融市场的脆弱性，只是一个观察到的统计结果。他没有论证黑天鹅事件出现的必然性和脆弱性的内涵。

《投资最重要的事》的作者霍华德·马克斯，从实战中论证了低价是投资的第一要素。可他没有揭示该方法正确的原因。

本章论证解决了金融市场内涵的脆弱性，导致黑天鹅事件发生的必然性。

后面的章节，将展开讨论这个结论下的投资决策过程。

第五章　频次论证

我们论证了金融市场内含脆弱性，时不时会出现黑天鹅事件导致的"集体垮塌"。由于：

正态分布下大众持股总价值的"势能"，比幂律分布下大众持有的总价值"势能"要高，稳定正态分布所需要的资金量，就比幂律分布的要大；正态分布筹码集中度要低。

如果低风险高收益的投资机会，100年才出现一次，那么对普通投资者而言也是没有任何意义。那么多长时间会出现一次呢？或者说，价格位于上下边界的投资机会出现的频次是多少呢？如果按照本体系，能成功几次呢？

前面我们论述了在多数时间里，我们看到的是正态分布，价格在一定范围内的上下波动（多数时间里，都不是好的投资机会）。一旦出现意外的"黑天鹅事件"，该新信息作为催化剂出现，价格开始向下崩溃式下跌，直至在某一低价格再次稳定。这个正态崩溃过程，是自身势能释放引发的正反馈连锁反应，就像自由落体，像雪崩、地震、桥梁共振等，不需要额外的能量，靠自身能量的释放就足以完成。所以崩塌过程是快速的、短时间的。

现实是投资者很难捕捉到这样的好机会，因为人的思维总是保持连续的惯性，大脑总是喜欢光滑、顺手的感觉，不喜欢被突如其来地打断！投资者追求一个连着一个的投资成功，中间不要增加时间空白期。但是，投资机会的出现，却不是连续的，而是具备脉冲式的特点（幂律分布）。类似于心电图（见图5-1）。

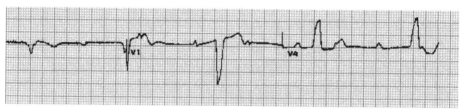

图5-1　投资机会出现呈心电图形式

再举个例子。假如你站在马路的一边，马路上车辆川流不息，马路对面的草丛里有一颗大钻石闪闪发亮，你看见了。如果你认为自己身手敏捷，有能力左躲右闪，就会从车流中穿过去，捡起钻石。这样做的好处是，年化收益率高（因为时间短）；但是坏处也很明显，你要冒被车撞死的风险（谁敢保证哪个司机不是酒驾呢？）人们最希望的是，既捡到钻石，还不冒被撞死的风险（期待低风险高收益）。这样的机会是存在的！只要你在马路边上等（加一个时间间隔），总会出现路面上一辆车也没有的一个"空白期"，而且时长足够你走到马路对面。

车流的空白期，给你制造出了一个"安全管道"。空白期和下一个空白期中间就是时间间隔。

投资机会是一样的，一个低风险高收益机会的出现，就像车流的空白期。出现，然后很快消失，要等一个较长的时间间隔，才能有下一个低风险高收益的机会出现。

众所周知，在投资领域，对时间的预测，包括未来什么时间，将要发生某件事，是最难的。我们将从几个方面来论证，以找出应对之策。

第一节　算法之美

前面我们说明过知乎上的简化模型（第一章路径价值）。

美国学者布莱恩·克里斯汀和汤姆·格里菲思在其著作《算法之美》中做了更深入的数学论证。其研究发现，这个比例基本在 37% 附近。在数学上，这类问题称作"最优停止"（Optimal Stopping），如图 5-2 所示。

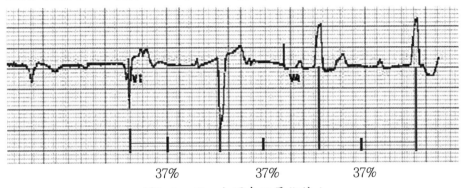

图 5-2　以心电图表示最优停止

假设一次经济周期只有一次低风险高收益的投资机会，那么由此可以大致推断出，这样的机会出现在经济周期的上半场，时间大致在全周期的37%处。用这个结论去观察实际的金融市场的表现，发现是完全符合的。

现实的问题是，当一次黑天鹅事件导致的经济危机出现时，人们无法预测下一次出现的时间。或者说，投资者无法预知一个经济周期、一次经济大波动的时间长度是多少。只能通过统计以前两次经济危机的时间间隔长度，来推测下一次时间。这样做的话，又陷入了"统计陷阱"和"线性外推陷阱"的局面里。

所以，我们需要明确认识，崩陷这个现象客观存在，但是何时出现无法预测。人们能做的，只是等到起来后，作正确的决策就行。这可能就是"轻预测、重应对"说法的由来。

我知道你的存在，却不知你什么时间到来。在后面章节我们只能通过决策模型和风控体系，来解决这个问题。

第二节　时间组合

风险是未来的不确定性，未知还分为两种：一是"未知的未知"；二是"已知的未知"。

从日常的无序状态，先要演进到"临界状态"，这个过程需要较长的时间。从时间占比看，多数时间市场是处在这种正常波动中的。因此把正态分布称作市场常态。

经济危机、黑天鹅事件来临，金融市场垮塌，是由内部势能引导的，无须加入外部量能，所以是迅速的、短期的。我们把幂律分布称作非常态。

这个释放势能以后低势能的幂律分布的出现，并不遵循简单的线性规律，线性外推是不能预测的。这就是社会科学领域幂律分布的神秘之处。

一、概率

投资机会的分布，可以理解成"二八现象"里面20%的3次幂。

好公司概率 20% × 好价格概率 20% × 留有资金的概率 20% = 0.8%

选到好公司的概率为 20%；一直耐心等到低价格出现的概率是 20%；低价出现时，投资者手中还持有现金可投资的概率是 20%。

那么，投资者完成一次成功投资的概率就只有 0.8%，千分之八了。

二、博弈

从博弈论的角度看，市场参与者是在同一时点作出的不同结果的决策，是一部分人决策、行动，一部分人随后再决策、行动。从单一个体发现、判断和行动，到被越来越多的人群发现、判断和行动，是一个过程。所以，金融市场博弈是一场"不完全信息的动态博弈"。

在市场形成共识前发现，在共识高度一致时撤退。"逆大众"的行为才是最好的博弈。

成功的投资，就是一次次在间隔的时间段，"脉冲峰值"出手的行为组合，或者称为时间组合。

第六章　逻辑、决策和风险控制

现代金融学理论有一个观点就是"高风险高收益"。将高收益归因于承担了高风险的补偿，即风险的溢价。

我们从市场内在稳定性、投资者思维和社会发展周期性三个方面，来论证存在低风险高收益的绝佳机会。

首先，我们论证了金融市场自身的正态分布存在向幂律分布的势能，使得幂律分布的出现，成为必然的"已知"。

其次，人类作为投资者，在投资行为上不能做到完全理性，存在明显的从众行为，导致在低风险高收益机会出现时，作出错误的决策。

最后，社会发展的周期性，导致了"否极泰来、物极必反"，市场整体、企业个体都存在发展的反转点，最终带来高收益。

表面上看，高收益来自市场、群体和周期；深层次看，来自投资者对标的企业、市场、周期、群体和自我的成体系认知。

如果你是一只想吃天鹅的青蛙，那么该如何实现梦想？

第一，要保证自己不能在等待的过程中被饿死（出发点是不亏，安全性）；第二，明白一年之中一定会有天鹅飞临（周期性），要熟知天鹅的飞行路线和可能的降落地点；第三，在伏击地"等待并隐藏"，组织足够但不是众多的同伴（群体性）；第四，需要准备什么工具；第五，具备区分"天鹅"和"野鸭"的能力（选择性）。

我们现在所做的，正是这些类似的步骤。

第一节　正确的投资逻辑

在真实世界里，黑天鹅还是摧毁了童话。因为大家的思维是"线性"的，金融市场的变化却具有明显的"周期性"。

在相互作用的群体集合里，正态分布下那些概率小到可忽略的事件，在幂律分布下却是必然存在的少数。在幂律的观点下，集群性社会里黑天鹅的出现就不是意料之外，而是可以理解的"常态"。因为在相互作用的群体集合里，雪崩、地震、桥梁共振垮塌等都是"临界状态"发生黑天鹅事件造成的。

黑天鹅事件以超乎投资者想象的频率出现。从行为金融学的角度讲，人们总是过度自信、对喜爱的东西高估价值，使股票价格高估，以及各种认知偏差，导致投资者低估、忽视了黑天鹅飞临的概率，所以不会采用等待黑天鹅出现了才出手的投资策略！

当一个投资世界的黑天鹅出现时，资产价格猛烈下跌，释放了有效势能，带来的是低风险高收益的投资机会。

当我们把"低价格"当作最前面的首要因子考虑时，在降低投资风险的同时，跌无可跌，大概率上涨。从逆向思维的角度看，这样排除了下跌因素，降低了价格继续下跌的概率。

如果碰巧投资人的眼光和运气都不错，选到了一个高成长因子（A1—A2）的企业，那就是在靠近"超高收益"。

完整地讲，我们寻找"低风险高收益"的投资机会，还暗含着"高概率高收益"的目标。

一、前提：等待

多数人看到这里，就会产生强烈的疑问："投资成功的前提难道只是极其简单的等待？"是的，你没有看错！

一个优秀的公司，在上市公司的总数量上是"幂律分布"的。换句话说，占整体比例很低，大部分上市公司都是一般的普通公司。

一个优秀的公司，出现"低风险高收益"的低价格，在时间维度上看，也是"幂律分布"的，这样的机会很少出现（但是一定会有，群体性犯错特征）。

所以，既要找到优秀的公司，还要等到极好的价格，同时，低价格出来的时候，你还要有资金，三者缺一不可。

没有足够的耐心作为前提，就会出现无资金捕捉投资机会的情况。换句话说，没有足够低的价格买进具备宽幅（A1—A2）的优秀公司，就不做投资。投资者唯一能做的最佳方式，就是拿着钱，"等待"。

这种机会的出现频次，类似于心电图，在波峰之间，有较长的平谷期。

投资人最佳的投资策略，就是等待这个"已知的未知"。投资者的明智，就是放弃正态分布均衡的一般性波动。

现代科学的发展，也从方法论上证明了"等待"是胜利的必要前提条件。在第二次世界大战之前，人们的思维习惯于"机械论"，认为事物的发展是线性的，从而是可预测的，即简单的"线性外推"。

第二次世界大战后出现的"系统论、控制论、信息论"指出，复杂系统的不可预测性，人们只需对新出现的事实，做出正确的应对就会成功。凡是试图预测并提前动手的行为，最终会走向失败。

多数投资者都知道投资组合，分散风险。实际上，投资组合是在同一时点下，由不同资产组成的。当我们明白低风险高收益的投资机会并不是随时出现时，就会明白一个优秀的投资组合，其真实内涵应该是"资产组合＋时间组合"。

在某一个时点，优秀公司出现了A2附近的期初价格A0，投资者留有资金去做捕捉，视为完成一次成功的投资。一次次的、在不同时点的成功投资，就做好了"时间组合"。

这是多数投资者学不来巴菲特的一个主要原因。巴菲特有源源不断的保险资金，使他可以做出"在正确的时间，有钱做正确的动作"。一般投资者只能做某一个时点下的资产组合而已。

所以，既要保持资产的安全性，又要具备一定的流动性，以便在"巨大波峰"来的时候，有资金去做正确的动作。

正确的等待，是投资成功的前提条件之一。

再延伸到社会学领域里的战争决策，"等待"这一点，古今、中外的思想，都是相同的。拿孙子兵法来说，其核心不是说战斗中的取胜之法，而是说战略上的"不败之法"。所谓"不战、不败"。

"不战"分为打不赢就不要打（宁可等待）。

打得赢但是打不起，不打（投资上就是指收益风险比，不合算就不投，等待）。

打得赢也打得起，看不打能不能解决问题，就是本书论述的路径价值，单一方案再比较机会成本（投资上就是指绝对收益是否能满意，如果收益风险比合适，但成功赚的绝对数不够高，也不投，看有没有其他更安全的方式获得类似的回报，否则宁可等待）。

"不败"就是指不追求取胜的目标，而是以不败为目标。投资上就是我们说的"以风险为出发点"，在不亏、小亏的前提下，去赚取收益。追求大概率、高收益风险比的投资机会。

在波峰（投资机会）出现之前，在小幅波动的波谷之间，做一个"等得起的人"。绝大多数普通的投资者，很难做到这一点。绝大多数的投资者，在浩瀚如烟海的各种经济数据中，忽略了这一点，只是按照自己的生物生存法则，做出了论证好公司、跟随大众的投资动作。

这一段话，如果用投资的语言表述，就是风险、代价和收益，我们将在后面的"投资决策"章节详细论述，这里做一个大致的解释。

尽人皆知的收益风险比，收益最大化，在决策时的顺序是什么呢？风险包含概率和损失，收益就是收益。那么孙子兵法所揭示的是这样的顺序：首先考虑概率，即有多大的把握，可以战胜对手；其次考虑代价（成本，或失败了的损失值）；最后考虑战胜了的收益。

投资也一样，是按概率、损失值、收益值这个决策顺序来评估的。

从成功的投资者案例来看，特点一就是投资操作的间歇性，从市场过热到极度悲观，中间一定存在较长的转换时间；从一个 10 倍股的高点，到下一个 10 倍股的低点，中间也一定存在一个空仓期。只有投资者认识到高收益率的投资机会是间歇性地出现的这个前提，才有可能最后进入 1% 的成功人群。正所谓"会买的是徒弟，会卖的是师父，会空仓的才是高手"。

特点二就是投资操作的稳定性，一旦在"好的"价格上捕捉到"好标的"，在产生浮动利润后，不会轻易去兑现，而是坚决从极度悲观一直持有到市场过热。换句话说，投资更加注重一次成功投资所获得的最大回报和投资的质量，而不是一次次小额回报的投资数量的累积。

二、投资逻辑：低价可证伪加证据出现

只有可证伪的理论，才是科学。

回顾巴菲特的成长历程，早期他的投资风格被形容为"捡烟头"，这说明巴菲特在内心里悟出了"低价 + 可证伪"的逻辑。后期认识芒格后，他认识到"低价买好公司""好公司的价值被低估了"。

所以，一般投资者在谈论投资标的的时候，经常用到"估值"一词。

我们的看法是："估值"只有在证伪的时候，才用得上（论证下边界A2）。这是巴菲特没有讲出来的秘密。

1. 证伪

人们做投资抉择时，习惯于使用"证明未来会更好"（利好证实）的逻辑，而我们的投资逻辑却是"证明现在没那么差"（利空证伪）。

很多人认为，存在的就是合理的，企业的价格长期回落，被市场忽视，被投资者抛弃，一定是有原因的。股市中确实有很多公司，因为各种各样的原因，长期亏损、被 ST、最终退市、破产倒闭。但是也有一些公司，由于市场情绪、热点转换、企业发展周期等情况，出现了一段时间的低迷，并被忽视，之后，又东山再起，重振雄风。

类似的公司不但在国内存在，在国外股市一样存在。获得诺奖的理查德·塞勒教授，就发现了股市存在"长期反转效应"。国内市场上普遍的叫法是"困境反转"。

世界的本源是"能量"，"时间"天然存在，无法避免也不可改变。

单位时间下的能量变化，即能量效率。与"能量效率"伴随而生的正是"信息"。所以，信息也是客观存在的，是看不见、摸不着但不以人的意志为转移的"物质"。

价格变动取决于"新信息"，而不是已经出现的、传递到你面前的"旧"信息。新信息是未来才会出现的，没有人能够预料到。所以，投资逻辑"利好证实"——去论证未来会"好上加好"，是非常困难的一件事情，几乎没

有人可以长期做到。

如何做好证伪呢？利用信息的交叉印证。来自不同信息源的多维度信息的"交叉印证"，是证伪的关键。

能量可以重复、叠加，只要能量的方向、力量的方向是一致的，就可以获得"越来越好"的效果。但是信息的使用，则完全不同。

准确地说，多种信息来自不同信息源的多维度信息，如果信息源之间完全没有相关性，是最好的、最有力的印证，如果信息源之间存在相关性，那么其"证据力"，或者说"印证力"，就有一定程度的下降。

以我们实际的上市公司调研为例，对于困境反转的公司的证伪调研，存在以下的信息维度。

①企业高管、技术人员的面访交流；②企业生产场地和产品的直观印象；③企业普通员工的面访交流；④企业产品的市场购买、使用体验；⑤金融机构的研究报告；⑥企业同行相关人员的意见看法；⑦会计所签字的财务报表、审计报告；⑧政府或者金融监管机构的核准、审批；⑨海关、税务部门的进出口数据、纳税数据。

例如，海关数据和企业数据，就是来自完全不相关的信息源数据，是最有力的交叉印证，可以称作"90度垂直"。

会计师签字的财务报告和董监高的表述，就存在一定的相关性，可以相互交叉，但并不是"相互垂直"，如图6-1所示。

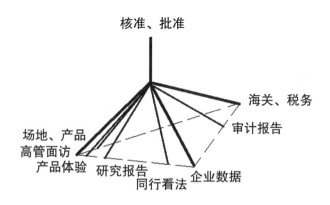

图6-1　信息交叉印证示意图

现在我们来比较两种投资逻辑的不同，以及对投资结果所造成的差异。

（1）按照证伪这个逻辑，我们会找到这些标的。相对于过去便宜，价格是过去 3 ~ 5 年的低点或更低，市场中很少有比这个标的更便宜；相对于现在便宜，估值、分红、净资产等和现价比，存在显著的安全边际；相对于未来便宜（居于决策时的次要地位），成长性、垄断性、生命周期、新消费习惯形成等。未来利好因素可能被市场忽视，至于什么时间这些未来的利好因素会起作用，目前不需要太关注。

这个论证过程的前提，是先出现"利空"（最好黑天鹅事件下的危机），造成价格剧烈下跌的事实。注意，首要是已经存在的事实，不是去"预测"价格会在未来猛烈下跌（美国浑水公司的运营模式，在市场过热时看空）。

（2）这一论证过程的核心是证伪。例如，价格是不是过度反应，跌过头了，还会不会继续下跌，有多少安全边际，造成它下跌的因素是否继续存在，有没有被市场忽视的利好条件，现在的价格是不是下边界 A2，A2 可以不为零等。不能证伪，那么当下的价格就不是投资机会。只有可以证明该资产当下价格被显著低估，市场对利空因素过度反应，才是一次"低风险高收益"的好机会。

在利空出现之后，要排除那些"假利空"，识别市场的过度反应，这个时候才用得到你从教科书里学到的估值方法，寻找下边界 A2。绝大多数人颠倒了使用顺序，是先用"自己的估值方法（计算 A0）"估值，然后去寻找"价格低于自己估值 A0"的投资标的。这样既忽视了低价，又无法准确计算出估值（A0）。

估值方法用在证伪的时候，你就会辨认出利空预期被市场放大，就可以排除被人为夸张的"雷"。当你果断出手的时候，价格非常低，实际上你选择了一个"低风险高收益且安全系数高"的投资机会。例如，塑化剂事件下的茅台，证伪用到"中国人的白酒消费习惯不会因此改变"；三聚氰胺事件下的伊利，证伪用到"中国牛奶市场不会因此消失"；等等。

有研究者揭示，在下跌时，巴菲特的投资手法是选择"知名公司"并加杠杆。因为知名公司之所以知名，是由于优秀。而优秀的公司是比较容易证伪的！这就是巴菲特的投资逻辑。

2. 证据

从论证了现价 A0 就在下边界 A2 附近，到股价 A0 离开下边界 A2 开始上涨，明显存在一个不可预知的时间段。

为了把风险降到最低，投资者不应该一出手就是全部资金（详细内容在风控章节讨论）。何时是可以出重手的时机呢？等待业绩观点的证据出现。一切宏观、行业和企业的利好因素和预期，最终都要反映在企业的业绩数据上：下降减慢、由亏转赢、增长加速等的业绩拐点出现。

证据出现，再出重手，就可以把不确定的时间长度，最大限度地降到最低，从而降低了风险；同时，缩短了到上涨点的持有时间，将年化收益率尽可能地提高。

三、证伪的可靠性：原因、难易和准确度

面对繁杂的海量数据，使用证伪之法是一条简单明了、容易操作的路径。

1. 原因

从行为金融学出发，人们习惯于寻找未来利好假设的证实证据，忽略证伪的过程。这叫作"证实偏差"。认识到这个思维错误，就找到了证伪式思维是抗群体的依据。

多数人在观察、收集和整理数据时，试图完成标的资产估值和定价，实际上是在找"现在好，而且未来会更好"的论证依据和数据。例如，收益水平不错、毛利率高、收益增长率高、PE/G、未来现金流贴现值高、产品有涨价因素、市场占比能提高、产品市场会扩大、政策加大扶持、创新能力强、大股东将推出收益分享方案等。

投资大咖则不同。不管什么原因股价跌了这么多，企业银行账户里的现金，几乎接近总市值了，这就是一个好机会。

2. 操作性

实际上，证伪比证实要容易得多。因为证实中，利好证据的数量累计，不能使利好的确定性产生质变。就算见到一万个天鹅是白的，也不能确立"天鹅都是白的"这个结论；同样，就算有 10 多个利好因素还没有兑现，只要有

一个利好不及预期，价格就不会到达预期；而证伪只需要一个反例，就足够了，如找到一只黑天鹅就足以证明，天鹅都是白的是个错误判断。同样，只要找到一个因素，证明"标的"的下边界 A2 不可能为 0、不可能退市、利空因素已经消失等任一方面的证据，那么现在的价格就是投资的好机会。

3. 准确性

"利好证实"需采用、判断未来才出现的证据，多数是被市场放大的"声音"，掺杂了很多"过度自信、过度乐观"的人为因素，其"决策参考点"就在当时市场背景下，假定未来一直如此做出的线性外推，忽略了波动周期性的存在；但是"证伪"所采用的证据，是已经发生、存在的数据和现象，多数来自真实社会，独立于金融交易市场之外，"决策参考点"是清晰理性的认知，是被市场忽略的事实。

所以，用逻辑证伪，简单明了，既容易操作，又具有很高的准确性。

小结：

低风险高收益的最佳投资机会是以非连续的间歇式出现，在没有出现时要等待；在好机会出现时，用证伪的方式去发现 A0 接近下边界 A2，自然形成逆大众的投资行为；一个单一、有力的证伪证据足够决策。为了风险管控，等待业绩证据出现后再出重手投资，可以降低不确定性，提高年化收益率。

第二节 投资决策的依据

经过了这么多的论证，我们来到了最接近实战的地方，即如何在对未来的不确定风险中进行投资决策。

我们认为，一个完整的投资决策体系，应该包括以下四个因素：

一是投资成功的绝对值。首先假设成功概率为100%，那么预期变为现实，达到预期值后所获得的实际回报数值，是否满意？现实决策中，人们偏爱投资成功后获得的绝对数值，其次是回报比例。例如，获得 50 万元（10%）的满意度，是大于获得 100 元（500%）的满意度的。

二是失败后的损失厌恶程度。如果发生了真实的亏损，那么亏损的数值是否在可接受的范围内？现实中，人们更加愿意考虑亏损幅度，较为看轻绝对额。例如，1000 元亏损了 500 元（50%），所造成的痛苦是大于 10000 元亏损了 500 元（5%）的。

三是路径价值最大化。在面临多种选择时，用路径价值做出最优选择。各种路径，互为机会成本，所以，直接比较投资期望值，选出最大的那个即可。

四是收益风险比。在已经做出了最优选择后，仍然需要一个"阈值"，来过滤掉"不合算"、收益风险比不够高的投资机会。这本身也是对边界 A1、A2 是不是"真边界"的检验。

一、来自钟摆模型的内容

如图 2-1 钟摆模型所示，投资期望值公式如下：

$Ex(i) = (A1 - A2) \times P - (A0 - A2)$

①投资成功的绝对值（P=100 时）写作 $(A1 - A0)$，能否满意；

②损失值（P=0 时），$(A0 - A2)$ 能否接受；

③收益风险比（赔率）分析。

如果将期望值的收益风险比（优化的夏普比率）列出，可得：

$$Ex（Sharp）= Ex（收益）/ Ex（风险）$$
$$= （A1 - A0）P /（A0 - A2）（1 - P）$$
$$= [（A1 - A0）/（A0 - A2）] \times [P /(1-P)]$$

让赔率 Odds $=（A1 - A0）/（A0 - A2）$，

$Ex（Sharp）=$ 赔率 $\times [P /（1 - P）]$

单位风险下的回报，是否足够高，决定是否值得一搏。

④投资成功的概率补偿。当A0下降，接近A2时，不但赔率（A1 - A0）/（A0 - A2）中，分母加大，分子变小，赔率迅速上升；而且 P/（1-P）也是分母加大，分子变小，比值急速上升的，即 Ex（Sharp）是倍增的关系。这就是前面我们说明的概率补偿的形成机理。

先举例示意收益风险比（赔率 Odds），假设初始值收益为 1，风险值也为 1，收益风险比（赔率 Odds 为 1），然后让变动的"步长"为 0.1，即为 1.1÷0.9、1.2÷0.8…1.9÷0.1，可得到如图 6-2 所示。

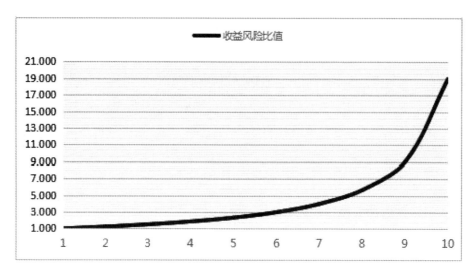

图6-2　收益风险比值变动示意图

我们看到，当 A0 越接近 A2，赔率的上升速率越快。

再举例示意概率补偿，P／(1−P)。假设初始值为上升 50% 对下跌 50%，然后让变动的"步长"为 5%，即为 55%÷45%、60%÷40%…95%÷5%，如图 6−3 所示。

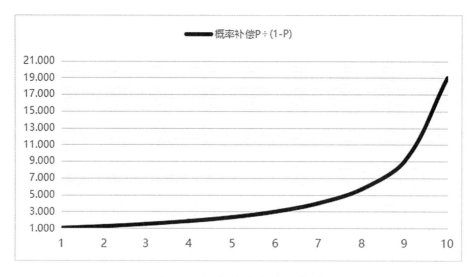

图6−3　概率补偿变动示意图

　　我们可以看到，赔率变动和补偿的概率变动的变动速率，是"正向叠加"的。这意味着当 A0 接近 A2 时，赔率值以及发生的概率补偿值都是越来越高，它们的乘积就会更加快速地提高。

　　当大多数人认为"会继续下跌，下跌的概率很大，风险很大"时，只有掌握了周期、群体与决策的投资者，才会捕捉到"看似下跌概率大、实则上涨概率大"的投资机会，获取"认知上的概率补偿"。类似的，文玩上的"捡漏"，就是认知的概率补偿。

Ex（P）= P / (1–P) = f(A0)

　　前面我们知道投资期望值公式：

Ex(i) = V × P – R

价值因子 V = A1 – A2（取决于投资标的）

风险因子 R = A0 – A2（取决于 A0）

上涨概率 P（取决于 A0），

　　现在我们可以增加概率补偿因子 C（Cognition）：

Ex（C）= P / (1–P)（取决于认知）

　　　　= f(A0)（期初价格的函数）

　　具体表现为以下方面。

　　卖方认为下跌概率加大，还会继续下跌，风险很大；买方认为跌不动，上涨概率加大，基本没风险。这来自双方对风险因子 R 的认知不同。

　　卖方认为未来没有空间，买方认为未来获利空间很优厚。这来自双方对价值因子 V 的判断不同。

　　卖方认为下跌的概率很高，买方认为上涨的概率很高。这来自双方对概率 P 的判断。

　　形成不同结论的整体认知体系，特别是对期初价格 A0 所处位置，引起概率补偿，因子 C 的急剧变化的不同看法，最终导致了完全相反的投资行为：一个买进一个卖出。

　　这样，本体系成功解释了，一个好的投资受到价值因子 V、风险因子 R、期初价格 A0 的位置和概率补偿因子 C 的四重影响。成功的投资大师，可以迅速找到这四因素的决策点。

在学术界，还有一个难以解释的问题是"股权溢价之谜"。为什么股权股票的回报率，要比同一企业的债券的回报率要高？用"认知上的概率补偿"就可以很好地解释。

企业债券的不确定性低，搞清楚债券的定价过程比较容易，所以概率补偿就很少。

企业股权股票的不确定性要明显高很多，未来受多重因素的影响，做对了，认知的概率补偿就会高很多。

所以，股权的回报率，要比债权的回报率高很多。

经济学上很有名的例子，华尔街上捡100美元，用来论证人理不理性、市场是否完全有效。其实大家都没说准。

如果你碰到地上的100美元，捡还是不捡？我想大多数人会捡，因为如果是真的，白得；如果是假钞，也没有损失。而你付出的成本，无非是弯一下腰的成本和耽误2～3秒的时间。风险收益比很大。

不捡的人，可能是担心"骗局、陷阱"，或者"道德风险"。

所以，人们的决策还是在潜意识里运用"风险收益比"。

小结：投资价格A0同时决定着收益、概率、风险和赔率，是最关键的因素。

如果一个投资者有良好的分析能力，正确选择了（宽幅A1—A2）公司的前提下，如果没有选择低价的A0，那么其投资结果是"中风险中收益"。例如，经济学者、基金、券商研究所的研究员，其自身的投资结果和普通大众也相差无几，就是因为他们忽略了A0要接近下边界A2的条件。

二、来自巴菲特的投资风格揭示

近年有一篇很火的文章，叫作《巴菲特的阿尔法》，用量化回溯的形式，成功揭示了巴菲特的成功模式。文章作者发现，巴菲特多数情况下，选择了低贝塔的公司，然后加杠杆。但文章并没有分析巴菲特这样做的原因。

低贝塔的公司多数是知名、大市值公司。按照上面收益风险比的分析，就清晰地解释了巴菲特如此操作的背后原因（见图6-4）。

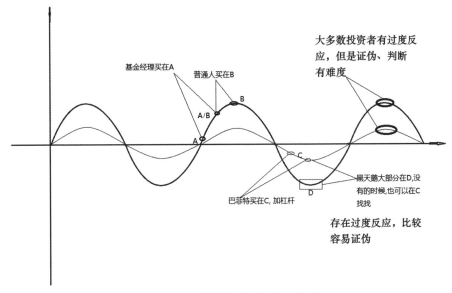

图6-4　巴菲特投资行为示意图

我们知道，价格下跌是由两种原因引起的，一是系统性风险，二是非系统性风险。如果再将投资标的分为"知名公司"和"非知名公司"，按照收益风险比（夏普比率，单位风险下的收益率），就可以很直观地得出如下结论：

①系统性风险下的知名公司是最优投资选择，夏普比率最高；②非系统性风险的知名公司和系统性风险的非知名公司是次优选择，夏普比率次高；③非系统性风险下的非知名公司是第三选择，夏普比率最低。

当黑天鹅事件出现，导致市场价格猛烈下跌后，有效势能充分释放，那就可以毫不犹豫地选择"知名公司"下手（巴菲特的投资逻辑）。如果你还有较好的分析能力，非知名公司也是一个备选标的。

第三节　风险控制体系

在出手之后，出错了怎么办？在上涨过程中，多次回撤怎么办？保全自己，降低风险，对冲风险的风控体系，投资过程管理肯定是必不可少的。

投资者可以按照自己的性格偏好，建立符合自己的过程风控体系，设立原则是"用可承受的风险来配置资产"。

一、产生风险的传导链

金融市场的风险，以超乎人们心理预期的频率，一次次地掠夺投资者的财富。现在，本书试着列出风险的传导链。

金融二级市场的交易价格，既有可接受的平稳地波动，也有周期性地"暴虐"猛杀。那就让我们从价格波动说起。

一个个体的投资决策行为受内因和外因的影响（见图 4-24）。

价格变动的先导因素是资金量的变化（笔者前期的论文《系统性风险的秘密》已解决该问题）。

投资者决策变动的先导因素是投资者心理变化，而心理变化的先导因素是"新出现的信息"。因为新信息不可预知，所以，对心理变化的研究，就显得至关重要。

价格波动产生风险，其形成机制和传导链是这样的：

价格 — 需求（资金）— 投资者决策 — 输入信息（外因），加上思维决策（心理内因）—— 这两项在群体心理范围内，容易形成"正反馈循环"。正反馈循环就会促成强烈的摆动。

其一，价格由供需双方决定。短时间内，市场的供应总量变动不大，所以价格取决于需求方，即有多少愿意买的资金量。

其二，愿意买的资金量中，"愿意买"就是投资个体的决策过程。

其三，个体的投资决策过程，受到两个因素的影响：外因 —— 输入大脑的信息；内因 —— 投资者心理。

其四，众多个体形成投资群体，在群体中，信息和心理的传导就产生相互影响，容易产生非理性的"共振"，如图 6-5 所示。

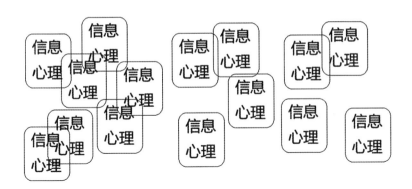

图6-5　信息和心理的传导共振

　　这个群体，就像在海中的"沙丁鱼群"一样，恐慌而漫无目的地游动。

　　其五，个体不是完全理性，只是有限理性人。在行为金融学已证明的众多心理偏差影响下，出现群体行为特征。

　　所以，短期看，价格变动的趋势不可预测。但是长远看，群体行为导致的价格波动有趋势；社会周期导致波动有"边界"。

二、单品风险匹配

　　我们先通过单一投资标的的风险匹配，来说明如何控制风险："收益匹配风险"。

　　我们参考 CPPI 模型。该模型是固定比例保本组合（Constant Proportation Portfolio Insurance，CPPI），由布莱克、琼斯、佩罗德于1987年提出的资产配置模型，原则是风险资产的最大潜在亏损，不超过无风险资产的收益，实现本金不发生亏损。

　　在资产安全的前提下，用已经产生的收益，或者可以接受的亏损金额，去除已选中资产的预期最大亏损，就可以得出该项风险资产的投入金额。

　　风险承受度 / 市场波动预期 = 投资风险资产的金额

　　总金额 – 投资风险资产金额 = 投资安全资产金额

　　①假设投资者的风险承受力为 0，不接受亏损。

以 100 万元为例，如果投资无风险理财产品的收益率为 5%，一年后将产生收益 5 万元。

现在有单一标的的投资机会，预估亏损率为 20%（或者设置止损线为20%），可投该标的的金额为：

5÷20% = 25（万元）

最后的投资组合为：75 万元理财产品 + 25 万元单一标的（具体数字还要略作修正，因为 75 万元理财产品的利息低于 5 万元。

②如果投资者的风险承受力不为 0，可以根据具体的比例，调整上述投资组合的具体数值。

最终的目的是，在本金不亏，或者亏损幅度在可接受的低风险范围之内，去获取高收益。

三、单品投资风险的过程管理

投资者找到符合要求的投资标的，建立了 50% 的仓位，如何实现单品投资风险的过程管理呢？

总资产 = 现金或无风险资产（50%）+ 股票（50%）

假设股票价格上涨了 30%，那么：

总资产 = 现金或无风险资产（50%）+ 股票（65%）

如果以风险为投资核心，你的应对是减持股票，增加现金：

总资产 = 现金或无风险资产（65%）+ 股票（50%）

这样，从整体资产看，稳定的资产增加，跟随市场波动的资产占比，比期初的 50% 还低，抗风险的能力是提高的。另外，这个操作是在股价上涨的时候减持，是反"贝叶斯"法则的，是正确的方法。

如果以收益为投资核心，你的应对是减持现金，增加股票（追涨）：

总资产 = 现金或无风险资产（30%）+ 股票（65%）+ 股票（20%）

总资产 = 现金或无风险资产（30%）+ 股票（85%）

这样，从整体资产看，稳定的资产快速降低，风险资产占比，比期初的 50% 大幅上升，抗风险的能力则急剧下降，资产整体的风险升高。任何波动所造成的心理压力，都可能导致投资者做出不明智的决定。另外，这个操作是在股价上涨的时候追加，是"贝叶斯"法则的模式，是错误的方法。

如果股价下跌，不做调整，现金资产占比自然上升，波动资产占比下降。如果维持期初的50%比50%，则可以调整现金资产至股票资产，直至平衡。

投资者需要的是单次的高回报率，同时还要整体的抗风险能力强，上述风险匹配方案较好地符合了这个要求。

四、组合投资风险的过程管理

未来的不确定性（风险），在任何时点都是存在的。投资由此得出必须以风险为出发点。同时，只要我们投资的资产产权存续，价格高低，就只是一段时间波动的结果。

投资对冲产品组合，就是在投资之前，找到降低、转移或者对冲掉风险的方法与路径之后，再去寻求投资利润，将市场的波动风险对冲掉的方法，就不在这里展开讨论了。理查德·塞勒的研究表明，市场存在短期动量效应，与我们的市场长期处在正态分布平衡之中，是相吻合的，是量化对冲的获利基础。

对于投资组合风险管理，目前金融机构普遍流行的做法是，推测投资者的风险偏好，得出"保守型、稳健型、激进型等投资风格"的结论，可是在实践中，这是不管用的，并不能达到收益风险的最佳均衡。

①对于投资组合风险管理，首先是单品的挑选与跟踪。前面我们提出，一个优秀的投资者，他的投资组合的真实内涵是"资产组合＋时间组合"。

在时间维度上，拉开投资资产的配置动作，从本质上讲，是一个"资源如何配置"的问题。这里笔者想参照一下信息论里面的"哈夫曼编码原理"，把最优的资源配置给最优的资产。

在不确定性面前，投资者是无法知道哪一个投资项目是未来最优的。该如何选择同一时点下的投资项目呢？在借鉴吴军信息论思想的基础上，分析投资行为可知：

在投资一级股权市场过程中，通过每一次的双倍资金投入，把最多的资金，投到最好的项目上去！例如，有10个可投的项目，1000万元的资金，共分四步：

第一步，每家投25万元，共250万元；第二步，经过一段时间市场检验，有4家表现得好，那么每家再投50万元，共200万元；第三步，再过一段时间，有2家表现出色，那么每家再投100万元，共200万元；第四步，最优秀的一家最终胜出，再投剩余的350万元。

这样，就可以让25 + 50 + 100 + 350 = 525（万元），配置到最优秀的项目上去。

当然，这种做法的实际应用是在股权投资市场。股票二级市场的投资组合可以借鉴几个标的的选择与跟踪。例如，利用行业波动的周期，完成配置，形成对冲并谋利（美林时钟理论的确立基础）。

②大类资产配置，将无风险资产配置到低风险资产，再加风险资产。例如，票据、存单、定增股、可转债，甚至房地产，再加风险资产。利用大类资产价格波动的不相关性和周期性，完成对冲，实现盈利（资产配置理论确立的基础）。

投资者可根据自身需要、研究能力和信息渠道，建立自己的风控体系。在投资的过程中，每一步都是以降低、转移和对冲风险为基础目标，其后才是追求利润最大化，即单位风险下的最高收益。

扩展开看，风投VC、PE就是通过成功后的高回报率（虽然成功的概率不高），来对抗投资风险的。烟酒铺、红木家具店，甚至部分商品房投资，就是通过（预判）高涨价概率，来应对投资风险的。

《黑天鹅》的作者塔勒布，他还有一本书也很出名，书名叫《反脆弱》。什么事情被称作脆弱？就是边际效应递减的事情，收益有限，而且增速会迅速下降，但是潜在风险无限，如图6-6所示。

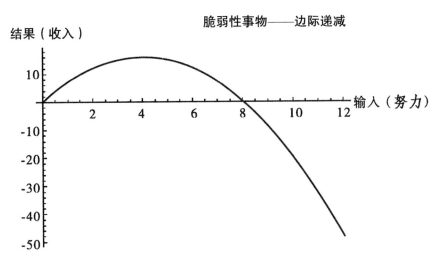

图6-6　边际效应递减示意图

反脆弱就是边际效应递增，或者按照本书所说的，效应存在"幂律增长曲线"的事情，如图 6-7 所示。

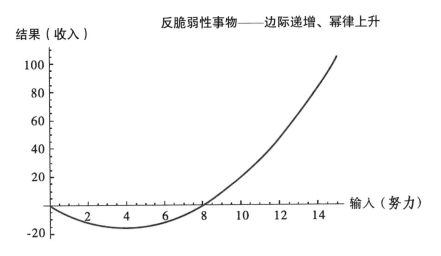

图6-7　边际效应递增示意图

塔勒布提出的应对"脆弱性"的方案，就是"平均"把一次性的动作，分成几次完成，也就是在"时间轴"上来做时间组合。

由此，我们会想到著名的赌场凯利公式：

$$f* = \frac{bp - q}{b} = \frac{p(b+1)-1}{b}$$

f = 最佳投资仓位
b = 盈亏比
p = 盈利的概率
q = 亏损的概率，即q = 1-p

图6-8 凯利公式

但是在投资实践中，每一次的投资赔率、概率都不像赌场游戏，是清楚设定好的，而且是无法提前预知的。所以凯利公司基本上不能应用在投资中。

所以，针对具体的二级市场投资，"资产组合＋时间组合"的方案里面的"资产组合"，强调的是两种资产不相关甚至负相关；"时间组合"就是把投资的动作拉开，用平均性来应对"股价波动的脆弱性"，实现反脆弱。

殊途同归，两种思想基本相互印证了。

第四节 投资三个核心因素：择时、择标和过程管理

关于投资理论，大家都知道有三个重要因素：择时、择标和过程管理。

一、择时向"择价"转变

有很多投资者在择时方面做了持续的研究，但是并没有获得令人满意的结论。例如波浪理论、美林时钟等，有其合理性，可是无法在真实的投资实践中应用。

未来不可测，什么时间会发生什么重大事件，导致股价大幅下跌或上涨，需要未来"未知"的信息，这怎么能预测呢？

我们钟摆模型的公式：

$$Ex(i) = (A1 - A2) \times P - (A0 - A2)$$

很好地解决了这个问题，将"择时问题"转化成对"初始价格 A0"的研判，从"时点选择"转化成"价格选择"。

要判断"时点"，就要预判"新信息发生的时间"，这几乎做不到。选择时点没有决策依据，但是以实实在在可见的"现在价格"为中心，可以作出科学的决策，实现用整体的确定性去应对局部的随机性。

二、选择标的内涵

大家都知道要选优质投资标的，才会获得高回报。但是高回报来自哪里呢？

我们钟摆模型的公式：

$$Ex(i) = (A1 - A2) \times P - (A0 - A2)$$

揭示了高回报来自 (A1 - A2)，既要有未来不断向上的 A1，还要有初始价格接近 A2 的 A0。

来自优秀企业不断向上的 A1，是用长期的成长确定性，解决了短期的股价波动的不确定性。

初始价格接近 A2 的 A0，提高了价格向上修复的概率，回避了在局部（底部）振荡的随机性。

三、投资的过程管理：不断降低投资的持有成本

人们的"心理账户"现象不可避免，那么就利用这个心理学现象，不断降低持有成本，让利润延续。

我们钟摆模型的公式：

$$Ex(i) = (A1 - A2) \times P - (A0 - A2)$$

投资的风险来自 (A0 - A2)，只要使得 A0 接近 A2，就可以不断降低风险。这样，我们利用心理锚定现象和心理账户现象，结合"涨的时候想着减"的

原则，阶段性地减持一部分筹码，剩余份额的持有成本就会降低。

钟摆模型综合成体系，解释了投资三因素之间的关系。

①只有在金融二级市场里，会在短暂的时间段里（局部性），出现低风险＋高收益＋高概率的绝佳投资机会。

②系统性风险下的宽幅（A1－A2）公司，存在这个绝佳机会。

③投资者建立自己的风控体系，长期按照要求坚持，财富的增长就会呈现，如图6-9所示。

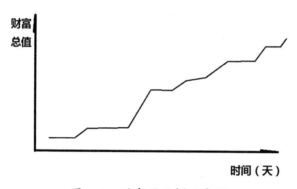

图6-9　财富通天梯示意图

第七章　本体系的哲学基础

前面章节我们探讨了路径价值的新概念，将投资期望值简写，用钟摆模型表达，然后从周期性、群体行为特征证明必然性，最后提出了解决方案。这一套完整的体系，是建立于怎样的投资哲学基础上的呢？

回到第一性原理：人类是群居的，投资也不例外。

所以，投资是一种群体行为。因为信息一致，所以投资行为也最终会趋于一致。

每个投资者都希望投资长期稳定盈利，那么为什么做不到呢？如何在群体参与的投资"比赛中"胜出，凭什么"长期稳定盈利"？我们看胜出的人做到了什么就可以明白。

胜出的人做到了以下四点。

第一，获得了认知差，我看懂了投资，其他人还不明白，或者说只是明白了一部分，没有全部明白、掌握。

第二，获得了信息差，我知道了，他人还不知道。

第三，拥有执行力，因为懂，所以在大众不敢、犹豫的时候，可以明确无误地执行，他人在机会面前，因为不懂，所以不会出手，或者说很谨慎。这就是巴菲特说的"别人恐惧时我贪婪"的具体表现。

第四，获得了竞争优势，再低价出手，持有成本自然低，再加以过程管理，将持有成本降到全市场最低，那么与专业人士比、专业机构比，你我都懂，但我控制得更好。

我们强调，挑选"低价的好公司"，然后去实地调研，去伪存真，看一个好公司的低价可不可以"证伪"，再作出投资决策，再对投资实施过程管理，就是体现了这"四个差"。

——目标设定为"低价"，因为价格波动存在周期性，在低价区域，投资群体会集体犯错，即为"认知差"。

　　——实地调研，去证伪，既有认知差，也会获得"信息差"，同时具备执行力。

　　——符合投资标准的，敢于逆市场出手投资，是典型的执行差。

　　——注重过程管理，获得"最低的持有成本"，就是获得"竞争差"，因为低价可以面对一切突发事件。

　　世界的三大核心因子：能量、时间和信息。

　　世界的本源是能量；时间天然存在，是人类为了方便交流，创造出时间的度量方式；单位时间下的能量变化，即为能量效率，与之对应的就是信息。所以，信息是物质的，是不以人类意志为转移的。

　　瑞士联邦理工学院的丹尼尔·施普伦（Daniel Spreng）提出，能量、信息和时间三要素之间，存在相互代偿的关系，如图 7-1 所示。

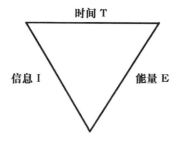

施普伦三角，事物的能量、信息和时间三因素平衡

图7-1　能量信息和时间三因子代偿

　　如果有内幕信息（知情人），即使能量不大，也可以在短时间获利；如果能量足以操纵市场（徐翔团队），那么可以降低一些对信息的要求，也可以在短时间获利。

　　作为一名普通的投资人，没有足够的能量（资金量）去影响市场，在获得相对优势的信息，并正确处理后，有一个好的结果，那只有牺牲一定的时间，才能做到。举个例子来说明，愚公移山就是让时间无限长，在没有能量和信息的前提下，来获得好的结果的。

　　集中力量办大事，就是在信息统一后形成行为统一，万众一心，从而使整个社会具备非常高的能量。

如果被错误的信息引导，也会出现严重的后果。

如何提高信息的质量？这就是必须通过实践 —— 实地调研，才能解决的工程问题了。所以，只具备投资的基础知识，再加上投资智慧（高认知）是不够的，类似大学里的金融投资教授、研究员，还必须获得及时、准确的高质量信息。

将三因子代偿"能量 E、时间 T 和信息 I"的信息 I 展开，
就能找到限制你的"信息障碍"

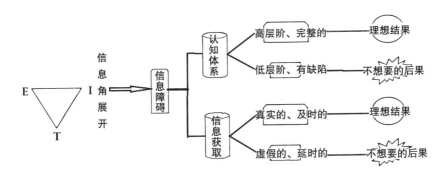

图7-2　信息过程示意图

作为普通人，在没有高能量和高信息的时候，最平等也最富裕的，就是时间。所以，限制时间的投资品种，不要参与，如期货交易、期权交易等。进一步，在短时间内战胜市场的短线交易，违背自然规律，所以绝大多数人不可能成为短线高手。

不以短炒成功为目标、用长期的成长确定性替代短期价格波动的随机性，通过企业调研改善自己获得信息的真实性、及时性，是可以实现"长期稳定盈利"的。

第一节　投资的本质

（1）交易就是一种收益与风险互换的博弈行为。交易双方各自独立地按自己掌握的信息和决策模式，得出结论，从而实施交换行为。双方的信息和决策模式是不对等的。

投资的本质是把"无风险也无收益"的资金，置换成"有风险也有收益"的资产，是风险和收益两项内容的同时置换。

（2）我们认为，风险实际包含两部分内容——损失和发生损失的概率。如果用公式来表示：

风险＝损失 × 发生损失的概率

当我们投资决策时，就需要同时考量这两个因素，而不是只看一个损失值，或者损失的概率了。

（3）投资决策的起点。投资者在决策时，应该以收益还是以风险为起点、着重点？

如果以收益为起点，那么投资者的主要精力就会放在未来的收益（率）会是多少？未来有什么因素（利好）会促使价格上涨？与未来比，现在有没有低估？如果出现错误，也会在提升自己对未来预判的能力上投入无尽的时间和精力。

如果以风险为起点，那么投资者就会比较现在和过去，这个价格相对于过去高不高？还有什么不利的因素我没有考虑到？如果出错，会造成多大的损失？所投的这个资产最少可以换回多少资金？等等。这些都是寻找已经存在的数据，易得性、准确性都高很多。

投资实战中，价格是你付出的，价值是你得到的。因为对未来价值的评判并没有统一标准，只能把握可以看到的价格。因此，价格是投资的最核心因素。离开价格谈投资，都是无稽之谈。

反向案例。如果你是"有效市场理论"的支持者，认为价格是决定因素，是过去、现在和未来的综合反映，那么就很难理解"市场总会出现错误定价的时候"这个结论（索罗斯的成功逻辑）。

如果你习惯于通过数据统计去寻找现象 A 和现象 B 之间的关联关系，那么就会陷入将相关关系默认设定为逻辑关系、虚拟或者颠倒因果关系的陷阱。

第二节　投资的真相

现代人类科技的发展，电脑、网线、服务器、电子货币和登记结算体系等，让人们在金融市场的买卖、投资行为发生了变形、位移、扭曲，掩盖了真相。那么真相是什么？

一、投资是一场博弈

以"曹冲称象"为例来说明，从现象 A 到现象 B 的思考还原，对正确认知事物有多么重要。

你在河边看到一群人，在称一块块石头的重量并记录（现象 A），询问后得知他们在称量一头大象的重量（现象 B），一定会感到无厘头吧？只有明白了 A、B 之间的本质联系，才能认知到 A 的真实情况。那么，我们坐在电脑前，敲敲键盘，买卖金融产品的行为，其背后的真实情况是什么呢？

我们先来看看，金融二级交易市场具备哪些特点。

①参与者众多；②参与者都想赢利；③参与者来之前，都知道有可能亏损；④参与者都容易受到身边其他参与者的行为的影响；⑤参与者之间并不是完全公平的，有"出千"行为（信息、资金、专业、设备优势等存在）；⑥参与者的决策过程复杂，但是参与行为本身简单，可以独立、迅速完成；⑦参与者会统计很多历史数据，试图去寻找"历史数据"和"投资结果"之间的关联关系、逻辑关系或者因果关系；⑧还有很多特征，每个人都可以找到。

如果我们将电脑屏幕、网线、交易所、电子货币、股票电子登记等还原为最初的状态：集中在单一交易场所、口喊报价、现金交易、纸质股票、实物交割、实物记名登记等，我们就会发现，在金融产品二级交易市场，买卖金融产品的行为，实际上就是博弈（赌博）行为。

这个结论，可能很多人并不能完全接受。我们买卖的是可以带来收益的金融产品，怎么可能是"赌博"呢？那我们就找一找，投资、买卖金融产品与在赌场里赌博的不同之处。

二、投资的本质

与赌博相比，投资的本质主要表现为以下四个方面。

（1）合法的投资行为是被保护、鼓励的，赌博在任何情况下都是违法行为，是法律所禁止的。

（2）零和游戏。从收益来源分析它们之间的不同。

赌博是零和，其收益来源只有对手的本金。

投资收益除了愿意高价买入者的本金，还有资产的附加收益，如股份公司的分红派息。

（3）交换标的。赌博和投资都是对未来不确定分析后的预判行为。但是，交换标的是不同的。

赌博交换出去的是本金，换回来的是一个不确定性消失后的"确定结果"。明确的结果出现后，不确定性不再存在，没有再改变的可能。

投资投出去的是本金，换回来的是一个"资产产权"，这个产权的价格上下波动，形成本次投资的可变动收益。即使浮动收益为负，但是"资产产权"仍旧存续，未来价格的不确定仍旧存在；"资产产权"还存在再转让的可能。

（4）周期性。赌博的事件独立，只有概率，没有周期。即使连出 13 个"大"，第 14 次出"大"的概率仍然是 50%。

投资标的价格的波动，既有上涨下跌的概率，也有高峰低谷相互转进的周期。"资产产权"的价格存在上涨和下跌的概率，但是因为经济有波动周期、企业有生命周期，所以"资产产权"的价格波动也有周期。即使现在其价格跌了，未来还存在上涨的可能。

（5）即时兑现。赌博结果一旦出现，不确定性消失，赢、亏结局立时兑现。从年化收益率上讲，赌对了立即兑现，时间很短，年化收益率很高；从心理上讲，赌对了即刻满足，心理上的"爽感"强烈，而不是要等一段时间才出结果的"延时满足"。

投资成交后，买入的资产产权，其价值需要在新的信息出现后，才会有变动，是延时满足。

第三节 体系的结论

本体系所包含的违反常规的思想有：投资是收益风险互换，决策要从风险出发，与概率为友；周期性、群体性的特征决定了投资要逆人性、顺天理；未来的不确定性还分为两种：一是"未知的未知"；二是"已知的未知"。投资需要等待已知的未知；轻预测，重应对，因为不可能提前知道"大多数人不知道的信息"，所以只能"拥有大多数人不知道的投资智慧"；不预测股价，因为未来不可知；只控制风险，涨了减持、跌了增持。将短期不可知的波动，转化为长期可控制的方案。

一、从哪里寻找解决之"道"（Where）

如果你是一条鱼，那么你知不知道自己在水里？答案是否定的，因为鱼的全部世界就是水，只有水。鱼不知道这个世界，除了水之外，还有更大的空间，还有空气、陆地、飞鸟和鲜花。鱼怎么才能知道自己在水里？只有离开水、跳出水面，才能看到新世界，才能明白自己原来一直在水里。

K线变化、技术分析、波浪理论等全部"趋势投资"的理论，其分析的数据是完全来自市场的交易数据。理论具有的缺陷，就基于此——"不识庐山真面目，只缘身在此山中"。

财务分析、基本面分析，剥离了"价格波动"，忽视了周期性和群体性，试图以超然的态度来战胜人类本身的恐惧。长期大量的投资实践证明，此路并不可取。

只有置身于金融市场之外，脱离投资人群，"从地面上到地球之外"，以"上帝"的视角，反身来观察、思考，分析市场的特征、市场参与者的行为，承认市场运行的客观结果，才能捕捉机会。

二、可以实现长期稳定盈利的核心原因（Why）

"知所未知"才能"见所未见"。

首先，要拥有基础的金融知识，宏观、企业、财务、投资等方面必需的知识，可以从课堂、书本上获得。很多人都可以做到。

其次，在金融基础知识之上，掌握了多数人没有掌握的"投资智慧"，就拥有了对投资市场、投资事件和现象的洞察力。

没有人可以提前预知"未来的新信息"，但是我们可以预知别人对此新信息的反应是否过度，以及判断大多数行为出错的原因。

（1）群体中其他人思维错在哪里。知道多数人为什么会错，而且一定会错。

（2）知道市场的内在势能。一般均衡的正态分布，存在向幂律分布的内在变动势能。这是金融危机发生的内因，也是其必然性。

（3）决策模型。拥有别人没有的决策模型，因为我们的认知不同。

（4）决策数据数字化。人脑得出结论，会受到直观感受的重大影响，多数是不准确的。只有用客观的数字来评价，准确度才会大幅提高。例如，我们熟知的钻石评级、初生婴儿的阿普加评分表、风险偏好测评表等。

丹尼尔·卡尼曼在《思考，快与慢》一书中指出，对未来预测的准确度，取决于决策是否使用数字，是否使用数学公式来量化现象，还是凭借直观的印象和感受。

如果不能给出数字，或者数学公式，这说明思考的深度还不够。有了很容易数字化的结果，可以大大提高评价的客观性和稳定性。

（5）群体中其他人使用的理论，现存理论的缺陷：群体性投资行为的研究缺漏。

最后，我们投资者还要有别人做不到或者没有做的行动，去到投资标的企业调研、与董监高技术人员交流，实际使用企业产品等行为，来提高信息的质量。

只有拥有知识、智慧和行动这三个结合在一起的要素，投资才可以长期稳定盈利。

三、实现"道"的认知转变（How）

投资者习惯于寻找"确定性"。

当我们承认"不确定性"的客观存在，将不确定性再分为"未知的未知"和"已知的未知"，并针对"已知的未知"这种不确定性，建立投资决策体系时，我们就掌握了"道"。

有了"道"，那么开始走出去，去参加企业的年度股东大会，开始投资成功之旅吧。

四、边界与阈值（Why not）

1. 边界

黑天鹅事件在市场中经常出现，即使我们只等待、捕捉黑天鹅事件带来的投资机会，也有大量的数据需要分析论证。为了提高准确性，降低出错的概率，也为了减少工作量，仍然需要对这些事件设立边界，再过滤掉一部分"非投资机会"。

例如，等待宽幅的（V1 - V2）就把潜在目标锁定在"具备提升 V1 的可能性的优秀公司"上面，不够优秀的直接淘汰。何谓优秀公司？

①唯一性。如果发生意外事件的标的公司，是该行业在金融市场已上市公司中唯一的企业，那么它可能是该行业最具代表性的企业。

只要企业的市场空间足够大，未来的成长性有保证，那么这个意外事件带来的低价就是一次真正的投资机会。

如果做不到唯一性，那至少应该是该行业的第一名。

②第一名。如果整体行业发生了意外事件，一定首选行业内的第一名。第一名的抗风险能力强，而且意外事件对行业内的追随者产生挤出效应，第一名有可能反而因此受惠。

③位于产业链终端，最终产品制造与销售企业。只有这个位置的企业最有话语权，利润也最高。

④拥有品牌、技术垄断等供应端掌控力。这样的企业抗风险能力强，有较强的产品定价权，成为长期成长企业的概率高。

2. 阈值

当我们运用风险收益比、路径价值去评估投资机会时，如何在众多的选择中过滤掉"不值得冒险的"信息？

比如，我们可以设定收益风险比（赔率）必须大于5，低于这个阈值的直接放弃。

再如，我们可以设定"毛利率不可低于50%""市场占有率必须行业第一""成长速度必须高于30%""市净率不能高于1.1""股息率不能低于货币基金"等系列基本面指标。

本章总结：

投资机会不会连续出现，其收益和风险是不对称的。

用"非连续"的认知，去寻找"非对称"的投资机会。

①不确定性的处理。针对"不确定性"，东西方文化有着明显差异。

西方文化强调提高自己的"确定性"，提升自己的能力达到"全覆盖"，来应对不确定性。

东方文化强调提高自己引导"不确定性"的能力，将其转化为"确定性"。

孙子兵法有云：不可胜在己，可胜在彼，说的就是这个意思。"不可被战胜"取决于自己，类似于西方的提高自己的确定性；"可不可以战胜对手"取决于对手会不会犯错，类似于东方着重预知，引导"不确定性"。

投资实践中，提高自己对投资本身、对投资市场、对投资人群行为的认知，就是"不可胜在己"。

等待小概率的意外事件、黑天鹅事件、系统性风险的发生，就是等待"不确定性"消失，"确定性出现"，然后创造自己的获利机会。

投资决策中，价值投资派倾向于选择"具有宽幅（A1—A2）的好公司"；我们天鹅一派倾向于等待"市场群体犯错的出现低价格"时再出手。

②概率处理，不与概率为敌，不是不与趋势为敌。

换一个角度思考，如果我们处在"北极点"，那么不论向哪里走，都是向南走。同样，如果我们把精力放在寻找"钟摆模型的上、下边界上（博弈论里的谢林点，聚焦点）"，那在上下边界时，只向一个方向波动的概率最大。

有这个认知，就实现了"不可胜在己"；等待北极点出现，就实现了"可胜在彼"。

从全市场看，标的价格越低，别的投资人发现这个投资机会的概率越高。市场未来的主流，未来的认同度趋于提高，投资在这个机会上的概率就越高。

所以，低价格买宽幅公司是投资的核心因素，是东西方思想的完美统一。

按照这个逻辑去投资，它的缺点在于"既不知道什么时间开始上涨，也不知道未来能涨到什么高度"，因为这些都是属于未来的事情，不可预测。

第八章 天鹅一派的证伪及横向比较

在前面的章节，我们一直通过正向陈述来求证新的观点。本章我们先找反例来证伪本体系，再做本体系与现存其他投资理论的横向比较。

在任何投资领域，你能找到反例吗？天使投资、风险投资、一级市场、新三板、定向增发、债券、商品期货等，大家首先反复磋商、讨论的核心因素，都是价格。企业经营、改革也都考虑的是成本和收益的问题。一切领域，都是成本（价格）越低越好。

如果当你看到一个"黑天鹅"危机事件下的"低价"，也用各个数学公式做出了精确的计算，做出了"可以证伪"的结论，那么怎么检测这个结论的正确性呢？你可以向自己提这样几个问题：

①我了解的信息，市场大多数人都了解吗？

②市场给出低价，多数人不敢出手、少数人"犯错"的原因和逻辑是什么？

③未来存在多大的下降空间和多少诱导因素？

④用来证伪的依据是已经存在的客观事实吗？

第一节 本体系的证伪

一、成功反人性

是否存在一种秘籍，可以轻易地、重复地击败市场，取得投资成功？如果这样，全世界的财富，都将被掌握这个秘籍的人或机构、组织拥有。

如果本体系是这样的秘籍，那么它就不是科学的。本体系只是方法论，在执行的过程中，仍然有很多难点，需要投资人具体解决，而且不同的人得出的结论是有差异的。例如，价格低了，可能还会继续低；证伪的结论，自己获得的并不成立；知名公司发生了根本转变，世界级知名企业近年来也有不少盛极而衰的案例；等等。任何一步都要小心翼翼，一旦出错，都可能导致投资失败。

因为应用本体系获得成功并不是简单、轻松地重复，反而说明本体系是正确的。

本体系之中有两个难点：一是能否持有现金一直到最佳的机会出现；二是投对了标的，能否坚持到价格高估的时刻。

从行为金融学的角度来讲，人们喜欢"即时满足"，厌恶"延时满足"。我们的模型，长期持有现金（或类似的固定收益类产品）、放弃可以赚小钱的小机会、选择冷门、在下跌的左侧分步买入并持有、在没有高估的价格之前不卖出兑现浮动盈利等，都是"延时满足"的做法。这对一般的投资者来说，很难做到。

因为一旦"延时"了，就产生了"不确定性"，就会有疑虑，从而产生心理压力。因此，一般人很难做到，只有少数人能做到。

投资体系可以简化，但投资成功并不容易。当逆势出手、持有不涨、大涨回调等各种投资时点时，还需要坚定的信念——投资成功靠信仰。

二、成功实现投资标的不相关

成功的投资机会不是连续出现的，一个成功的投资，是实现了投资动作的"时间组合"。现在我们再用目前投资理论通用的投资标的之间的相关性，来说明天鹅一派最终的投资标的的相关性极低。

热点标的与热点标的之间，即使行业上不相关，但是都和系统性风险相关。有了系统性风险的传导，也就无法做到完全不相关。

冷门标的由于自身的原因，或者行业的原因（如20世纪初的美国铁路股、石油股），独自、长期下跌，首先就和系统性风险做了隔断，所以冷门标的之间，相关性极低，系统性风险也传导得不多。

在风险控制的过程中，逢高减持，降低剩余筹码的持有成本，减出来的是现金，或者是固定收益的金融产品，那也是和股权类高波动资产的相关性极低的。就算再次投到下一个冷门股,相关性也不高。

所以,我们这种"选择低价"的方法,可以把相邻的两次投资行为的相关性降到近似于零。

三、本体系继续进化有空间

在核心逻辑层面不会再进化。如果存在问题,那只能是彻底推翻。

在具体过程中,还有很多可以优化的地方,在路径价值的计算上,可以逐步加入行为金融学里的新内容。

在各个具体的标的上,对边界 A1、A2 的论证,还有很多可以进化的地方。

成功的投资是一个工程问题,需要不断获得高质量的信息,然后再经过高阶层的投资思维处理,才能获得满意的结果。这个获得信息的过程,也是需要不断进化的。

四、逆人性,顺天理,化腐朽为神奇

一个优秀投资者的投资能力,由三个层级组成,如图 8-1 所示。

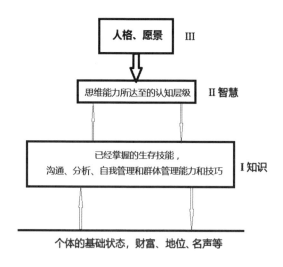

图8-1 优秀投资能力的三个层级

①知识。投资者只有拥有投资方面的知识，提升技能，才有可能获得成功。在投资领域，投资技能是指基本金融知识、基础分析能力和自己开发的独立投研系统、交易系统，又或者是一种信息渠道、特殊工具等。既有来自自我本身的内在技能，也有来自外部的信息、工具等。

②智慧。在提升技能的基础上，提升自己的认知。在投资领域，认知是指对市场变化、价格波动和人类投资行为、群体行为的态度和分析能力。在其他领域，认知是指对自己所从事的行业、职业，以及行业和职业所涉及的周边事物，如服务对象、行业信息等的较为全面、深刻的看法。这种认知只来源于自我本身。

认知层级达到了，还要一次次地实战，才能找到有效的分析、管理风险的方法，最终实现财富的增加。同时，在实践中，新的结果产生新的感悟，又会反馈、提升新的认知。

③高的认知，来自高的人格和愿景。所以最终正确的判断，要从利于全社会的角度出发，才可以获得。或者说，得出了一个判断，一定要从是否利于全社会的发展来检验正确性。不利于的，一定是不正确的结论。

最终认知能达到什么高度，就要取决于我们的人格和愿景。人格越高尚、愿景越雄伟，最终达到的认知层级也就越高。那么，所实现的财富价值就越大。

天鹅一派提出的投资格言是：逆人性，顺天理，化腐朽为神奇。

"逆人性，顺天理"中的逆"人性"，就是改变投资者与生俱来的"为追求利益最大化而忽视、舍弃安全性"的错误行为，不追求"利益最大化"，始终"管控投资成本，达至风险最小化"的正确投资行为。

"逆人性，顺天理"中的顺"天理"就是：过去和现在已经存在的，将来不会改变的常识。

不会改变的"天理"不需要预测，正常人通过简单的思考，就可以发现、感知。例如，人们喝牛奶的习惯不会变、中国人的白酒消费不会变、猪肉消费不会变。

顺天理，就是不要违反"常识"。

当一些小概率事件发生时，投资市场群体犯错，会出现"没人要的低价格"。此时有了"逆人性，顺天理"的认知，就可以实现投资上的"点石成金"般的"化腐朽为神奇"。

第二节　天鹅一派

金融市场是"群体参与"的市场，群体性决定了交易价格A0一定存在"周期性垮塌"。这个由崩溃造成的低价机会，呈现幂律分布。

价格波动又存在周期性，周期性会导致价格由下向上和由上至下来回波动。在上下边界出手，可以带来投资收益。

等待这个垮塌带来的下边界低价，或过热引致的上边界高价再出手，可以算是本体系的简称 —— 天鹅一派的风格吧。

天鹅一派的核心是路径价值，路径价值的基础是钟摆模型：

路径价值 Pv = 投资期望值 - 最大机会成本

单一投资期望值公式如下：

$Ex(i) = (A1 - A2) \times P - (A0 - A2)$

$Ex（Sharp）= Ex（收益）/ Ex（风险）$

$= [(A1 - A0) / (A0 - A2)] \times [P / (1 - P)]$

$Ex（赔率）= (A1 - A0) / (A0—A2)$

$Ex（C）= P / (1-P)$

$Ex（Sharp）= Ex（赔率）\times Ex（C）$

所以，天鹅一派的决策因子有：

期初价格 A0（直接取自市场）

价值因子 V = A1 - A2（取决于投资标的）

风险因子 R = A0 - A2（取决于A0）

上涨概率 P（取决于A0）；

$Ex（赔率）= (A1 - A0) / (A0 - A2)$（取决于A0）；

认知因子 C（Cognition），$Ex（C）= P / (1-P)$（取决于认知）。

成功的投资来自低价 A0、高价值因子（A1 - A2）和对决策体系的整体认知。

一、与"技术分析"的比较

不可否认,技术分析有其合理的一面。

通过对历史交易的价格表现特点进行总结、统计,未来再次利用这些特征谋利,是一种可行的方式,虽然这种方式存在一些重大缺陷。

技术分析产生效果的原因,一是因为参与市场的主体都是人;二是市场存在"短期动量效应",被投资的企业进入成长期,或者别的什么原因,成为市场"热点",在短时间内受关注的程度会持续,不会消失。所以,技术分析能在一定程度、一定范围内,带来赚钱效应。

可是,技术分析的假设前提是,历史出现的特征,还会继续出现;技术分析的缺陷是,价格变动趋势会一直延续,无法预测拐点。"长期反转效应"是技术分析的死穴。

本体系在承认"短期动量效应"和"长期反转效应"真实存在的基础上,以分析"投资者是一个参与群体"为基础,以"风险"为考量核心,发现投资者"以一次次小回报来重复、累积,必将被拐点击中"的结果,所以,积极寻找论证边界,然后投资获利。

二、与"基本面分析"的比较

不可否认,从基本面分析价值投资,也有其合理的一面。

企业价值决定企业股价的长期走势,这也是我们用数学所揭示的"宽幅公司"对结果的影响。但是,价值投资忽略了市场参与者的群体特征,忽视了投资价格波动对投资者心理和行为的影响,忽略了市场价格波动,忽略了风险与回报的匹配,一句话,忽略了"期初价格"。企图以未来长时间的发展,来平复市场价格的波动,最终造成"中风险中收益"。这种投资行为是赌"未来",实质上是在对投资者看未来的"眼光"进行检验。

本体系在承认"企业价值决定企业股价长期走势""宽幅公司是制胜前提"的基础上,增加了"企业价值的其他能提高宽幅的内涵",如资源类周期股、壳价值等"价值判断"。同时，以"风险"为出发点，以"期初价格 A0"为判断核心依据，放弃市场小的波动，只追寻"低风险高收益"的投资机会。

三、与"投资组合理论"的比较

不可否认，现代金融的投资组合理论，有其合理的一面。

通过对市场价格的数量化研究，找到了数字化的价格变动特征，如贝塔、阿尔法、夏普比率等，都是被广泛使用的数学工具。

但是，投资组合理论存在明显的缺陷，一是"完全理性人"假设，二是"收益预期正态分布"假设。

本体系已经用数学，而不是文字、案例，证明了这两个前提假设，都是错误的。

四、与"量化选股、量化对冲理论"的比较

量化投资，或者量化对冲，简化了投资分析的过程，在去除"风险"的前提下，通过"概率"取胜，并试图以多次"小盈利累计"来战胜市场。"短期动量效应"是该理论成立的前提基础。

很明显，这只抓住了投资的一个因素，放弃了对其他"因素"的研究。

本体系全面分析了投资中的几大核心因素，并深入分析了各大核心因素相互之间的逻辑关系和传导过程，最终深刻揭示了投资的全息影像。

五、与"逆向投资"的比较

"长期反转效应"是逆向投资成立的基础。

可是，《黑天鹅》作者塔勒布最大的问题是，黑天鹅事件也是一个统计结果！当他嘲笑一切现存理论都是统计结果时，自己并没有认识到这一点。

本体系证明了当市场参与者是一个群体时，黑天鹅事件的出现，逆向投资有效，是一种必然的结果，而不是历史上的统计结果。我们从"群体行为

特征"揭示、证明了这个结果的必然性。同时，本体系从风险收益的匹配要求，指出了逆向投资成功的内在因素和最佳的投资方式。

六、与"行为金融学"的比较

作为最前沿的科学，行为金融学目前还比较散乱。行为金融学用了大量的案例，发现了人们的投资行为，受到心理的影响，可是并没有指出，该如何克服这些"不良心理"。换言之，没有一套成体系、具有实际意义的可执行方案。

本体系在行为金融学的基础上，从实际出发，完成了这个可执行的体系。

第三节　天鹅一派预计的应用方向

按照我们的结论，金融产品二级市场的投资，具备以下特征。

①日常情况下价格波动不可测；②大的价格波动边界，存在并可测量（非预测）；③在下边界附近的低价格，投宽幅公司是低风险高收益的最佳投资；④宽幅公司的评判需要公司自身因素，而非市场因素。

对待日常波动，要么不参与，如果非要参与的话，量化对冲模型是唯一可持续有效的方式；对待黑天鹅事件下的大边界，可选择优秀公司，或者指数基金。

所以，专业投资人，量化对冲基金和指数基金，再加资产管理公司，就是天鹅一派理论的最优使用者。

第四节　天鹅一派什么时候会失效

天鹅一派的几个核心因素：价格 $A0$、价值因子（ $A1 - A2$ ）、风险因子（ $A0 - A2$ ）、概率补偿 $P/（1 - P）$、赔率（ $A1 - A0$ ）/（ $A0 - A2$ ）。

从市场本身看，周期性短期内不会失效，那么只能立足群体性来看待天鹅一派理论了。

如果每个个体投资人，可以借助机器的运算，克服自身的人性弱点，清楚计算投资价格等，就会降低本理论的有效性。

如果投资者利用人工智能 AI，用博弈论来计算某时刻出现的价格，是上下边界的概率，消除"概率补偿"，本体系效能也可能大大降低。

如果失去了"顺天理"的约束，本体系也可能会失效。或者出现了更低的、继续下跌的局面，或者没有出现向好因素，长期维持低迷。

第五节　天鹅一派的投资检查清单

为了避免投资犯错、思维局限，每个投资者都应该写出自己的投资检查清单。

我们的投资格言是：逆人性，顺天理，化腐朽为神奇。

我们的投资逻辑是：低价（可证伪）+ 证据（业绩或催化剂）出现。

（1）排在第一位的是"低价（可证伪）"

①会不会退市？

A.股东结构：前三名大股东，有国资机构吗？

B.连续三年业绩，当下存在被 ST 风险吗？

②会不会更低？

A.价格是几年的低点？

B.绝对值低吗？并购成本（重置成本）很低了吗？

C.低于净资产了吗？低于营业收入了吗？低于账面现金额了吗？低于一年归母利润了吗？

D.不会更低是否有保障？是否存在同盟军？

③现在低的原因，是否存在利空因素。

A.找到了吗？

B.消失了吗？

C.还会再出现吗？

（2）居于第二位的是"证据（业绩或催化剂）出现"

如果我们已经完成了对企业是个"好公司"的论证，已经完成了企业在

"供给端"存在独特的掌控力，那么就要了解以下问题。

（1）季度业绩体现了吗？连续的几个季报出现证据了吗？

（2）催化剂是什么？是政策、行业还是需求端爆发？

（3）企业自身潜在变化是什么？产能、良品率还是对手犯错？

第六节　如何成为天鹅一派

斯坦福大学的福格博士所著的《福格行为模型》一书中，福格模型是：

B = MAP

B: Behavior

M: Motivation

A: Ability

P: Prompt

中文就是：行为 = 动机 + 能力 + 提示

投资成功的动机每个人都不会缺；缺少的应该是如何去做，去实现的可执行方案。

首先，要从第二项"能力"入手，阅读并深刻理解本章所讲述的内容，将自己的投资认知提升到极高的高度。

投资风险最直接的来源，不是不会管理风险、控制风险，而是投资能力不够。提高投资能力的前提，就是提高投资认知。

其次，要积极行动起来，用实际行动，去企业实地调研，去购买、使用企业的产品，来完成"证伪"的过程。

最后，在目标企业没有好价格的时候，要敢于持币，耐心等待。只在各种"黑天鹅""灰犀牛"等意外事件推低价格时，勇敢逆市场而动，出手捕捉。

从实现的路径上看，也有两种方式。

一是先找到好公司，可能不超过总上市公司数量的 10%，然后耐心等待一个低价，一个出手的机会。

二是从低价的公司里，去调研去论证，挑出未来会好的公司。

第九章　关于群体行为预测的思考

第一节　思考

人类是天然的群居动物。

那么一个人的行为，是如何从个体行为转化为群体行为呢？

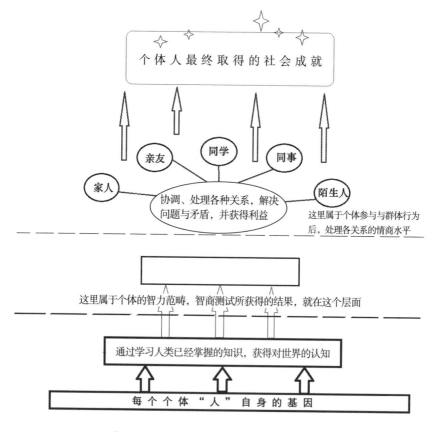

图9-1　个体行为群体行为的转化过程

如图 9-1 所示，智商再高，如果在加入人类群体后，没有处理各类关系的高情商，也不会取得较高的社会成就。

基于个体心理学、群体博弈论的结果，我们应该可以获得一套完整的"人类群体行为学"。因为个体既是理性的，又是"有限理性会犯错"的，个体参与群体的行为是可预测的，那么群体的行为也应该是可预测的。

复杂集合的行为结果预测，显然不同于我们所熟知的理性世界，用"线性外推"即可预测结果。

一个复杂群体，个体之间相互影响，既支持又阻碍，有一部分利益一致的小群体存在，也有诉求相互矛盾的无数个小群体存在。

何时出现整个群体的行为一致？在方向和时间的预测上，是多重博弈的结果，无法预知。

我们只有从群体行为特征上去找寻规律，以达到解开谜团的目的。这就是我们提出"已知的未知"的思路基础。

目前的思考是：

—— 一个优秀企业的营业收入增长，是按多少幂律的增长实现的？幂律是全体一个常数，还是行业一个常数？有没有增长的极限？

—— 企业的营收增长，如果是按幂律恒定增长，前提假设是毛利率不变，那么如果毛利率改变，无疑将会提升（或者降低）营收增长速度。如何考量毛利率的决定因素？

—— 按照一个市场的总规模（总市值），在时间维度上，可以推算出两个峰值之间的增长幂律。那么倒过来，随着时间的增长，能否预推算出峰值的极限值？

—— 一个市场的总规模（总市值）的峰值，既和时间相关，也一定和货币总量相关。这两个因子的关联、权重，如何处理？

第二节 问题

一、数学度量投资者风险偏好

如何数量化地测量投资者"风险偏好"？

对单一个体，目前是用回答测试题的方式，推测个人心理的投资风险偏好，那么在不同时段，怎么办？再测一次吗？

对于群体的，或者说在不同时段，市场投资者整体的平均风险偏好，该如何度量呢？我们知道，这个群体性数据，将在投资决策时，填补以往无依据的空白。

如果用历史统计数据，存在明显的滞后。投资决策者想要的，是当下的市场整体风险偏好程度的准确值。用历史数据线性外推，存在重大隐患（拐点随时出现）。所以，必须有一个用数学精准表达的测量方式，得出"现在的群体投资风险偏好水平"。

这个公式，我们找到了。

对于风险偏好的过往研究，我们已经跟踪了多年的国债价格，发现它的变动领先股市6个月左右波动（统计结果）。这促使我们对国债价格变动进行了思考。

有一些研究机构也做了相关的研究，如图9-2所示。

图9-2　中国国债价格变化情况

当然，这也是统计结果。

国债价格分三个阶段：低于面值（一般是 100）、在面值和票面利率之间及在票面利率和内在价值（未来收益贴现）之间（见图 9-3）。

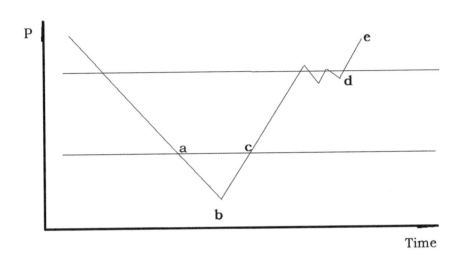

图9-3　国债价格三个阶段示意图

这三个阶段明显是无风险利率、货币供应量、风险偏好三个主要因子的综合反应。

低于面值的国债价格下跌，从图中点 a 到点 b，主要和短期资金利率上升相关。

国债价格向 100 的回升，从图中点 b 到点 c，就和资金供求与货币供应总量、资金利率、投资者风险偏好相关了。

价格从点 c 到点 d，基本属于资金供求平衡，但是投资者风险偏好降低，舍弃股权类投资，寻求低风险国债有关。

价格从点 d 到点 e，属于风险偏好进一步降低的同时，资金供应量大增，利率走低的共同作用结果。

当国债价格高于票面利率时，处在点 e 一段时间，多数股票类资产的价格处于低位，国债无利可图的时候，资金就会流入"看似高风险、实则低风险的股票类资产"。

这三因子的关系，如何科学表达呢？

明显，国债价格是资金量函数、利率函数和风险偏好函数之和（见图9-4）。

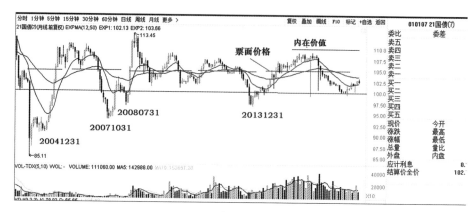

图9-4　国债价格变动示意图

我们初步得到如下公式：

国债价格 P = f(货币供应量 M) + f(无风险利率) + f(风险偏好)

我们用统计的方式，大致推测国债价格在各区间所对应的股市指数的变化。我们得到的结论是：

当长期国债价格上涨至票面价格之上后，3 ~ 6 个月，股市将出现集体上升的牛市特征。

很明显，这是一个粗略的且有效的统计结果。

二、投资者风险偏好的度量

2019 年 3 月末，美国国债长短期收益之差，提示了一重大信息。

全球经济学家目前的结论是，当国债的长期收益率（10 年）与短期收益率（3 个月）出现背离时，是一个重要的经济衰退信号（并没有人知道这是一个投资者风险偏好造成的社会现象）（见图 9-5）。

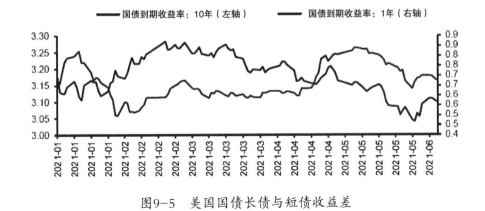

图9-5　美国国债长债与短债收益差

长期收益率下行，低于短期收益率，说明无风险利率很低，资金供应量充沛，同时投资者风险偏好走低，拿着资金去争相购买收益率很低的国债，而不愿意投入风险高的其他金融投资品。

短期收益率上行，说明流动资金的需求旺盛，资金面趋于紧张。

我们判断，这正是一个投资者风险偏好降低，资金退出股市，转向长期国债的明确信号。

如果从单一国债价格变动，无法用数学精准测量出投资者风险偏好，那么用2～3个短中长期的国债价格变动，就可以写出"风险偏好的数学计算公式"。用我们上面的国债价格公式可得：

长期国债价格P = f(货币供应量M) + f(无风险利率) + f(长期资金风险偏好)

短期国债价格P = f(货币供应量M) + f(无风险利率) + f(短期资金风险偏好)

因为在具体某一时点，货币供应量总数是一致的，而且在同一时点的无风险利率也是相同的，所以：

长期国债价格P － 短期国债价格P = f(长期资金风险偏好) － f(短期资金风险偏好)

如果短期的时间选择恰当的话，可以让短期资金的风险偏好为零，只考虑流动性的需求，不考虑投资性的需求。

那么：

长期国债价格 P － 短期国债价格 P = f（长期资金风险偏好）－ 0

写作：

f（长期资金风险偏好）= 长期国债价格 P － 短期国债价格 P

长期资金风险偏好，就是准备参与投资的长线资金所考虑的风险偏好。一般情况下，长线资金的资金量比较大（也是我们前文提及的金融博弈的第三方——场外资金），更具有群体风险偏好的代表性，或者说，在计算群体平均风险偏好的过程中，所占的权重居于决定性地位。

所以公式可以简写成风险偏好函数：

f（风险偏好）= 长期国债价格 P － 短期国债价格 P

三、投资者风险偏好度量的检验

只要找出合适的长期和短期国债价格，再和股市的历史数据对比，就可以立即揭示出一个重大成果。我们相关研究已经展开，敬请读者朋友们关注后续研究结果。

四、投资者风险偏好度量的最新研究跟进

2023 年下半年，美国长中短期国债价格出现了持续时间长达半年的价格倒挂。

时任光大证券研究所所长的高瑞东博士发表了有关研究文章，从风险溢价和通胀预期两个维度，表述了我们提出的"风险偏好度量"（见图 9-6）。

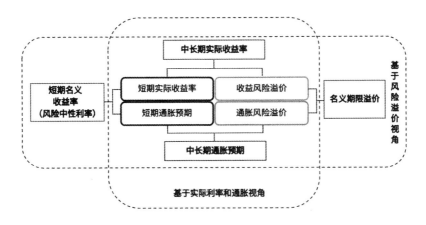

图9-6 美债收益率四因子基本框架

资料来源：光大证券研究所绘制。

第三节 群论（初创期）

现代科学已经突破了牛顿的连续、线性的机械思维，进入爱因斯坦的非连续、非线性的量子思维，其中著名的是三论：信息论、系统论和控制论。它们研究的是机械、生物和人之间的组成关系，包括物质结构、运动规律、能量转化等，引进了对信息、反馈、通信、控制等概念，寻求平衡规律（动态、振荡平衡）、等值规律、补偿规律、反作用规律、循环规律、变换规律、终极规律等理论。

如果简化一下，我们只研究人和人之间的大集合，以及信息传递、群体行为、个体反馈、群体均衡、极端行为等的行为特征与特点，就可以创立一门新的理论：群论。

首先要明确，群是群中个体之间存在相互作用的集合体，而不是简单地放在一起的合集。例如扔硬币的结果，每一次的结果和下一次无关，那么扔硬币的结果就是一个简单的合集，只服从单次 50∶50 的概率和大数定律。一堆沙子就是沙粒之间互为压力和支持的"群"。

参与金融投资的人群，就是存在互相影响的群。

一、群论的研究基础

金融产品的交易价格波动，简单看是由供需双方决定的。需求方无疑就是资金（愿意买入、投入的量）（见图9-7）。

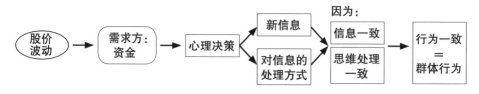

图9-7　群体行为一致的原因

需求方资金量之所以愿意在这个价格买入（投入），是投资者根据"信息"来决策的。

当信息输入单个个体的大脑里，大脑这个"CPU"就会按照已经成形的处理方式、思维方式，来做出相应的决策和反馈。

遗传自大自然动物的群居本性，使人类个体行为趋于一致。因为同样的新信息，加上处理该信息的同样的大脑思维方式，个体的处理决策结论就趋于一致，即单个个体对同一信息的决策结果、反应行为趋于同质化，最终形成做出同样反馈动作的群体，就形成"群体行为"。

所以，我们是可以研究、发现、预测并提出针对"群体行为"的投资方案的。这就是我们体系的研究基础来源：

价格波动取决于需求资金，需求资金取决于心理决策，心理决策取决于新出现的信息，决策结果取决于个体思维方式。由于每个人获得的新信息一致，每个人的思维方式基本一致，所以，个体决策结果趋于一致，最终形成群体行为。当群体犯错时，就形成投资机会。

《乌合之众》是法国社会心理学家勒庞在观察了法国大革命的社会乱象之后，于1895年出版的理论书籍。又经过了100多年，人类社会大大地向前发展了，我们发现，群论有了更广阔的应用空间：

——金融投资，全球金融市场里，人群的投资行为预测与控制。

—— 社会管理学，在当下信息高速流通背景下，国家、区域的人群行为预测与控制（如疫情防控）。

—— 市场营销学，商品、服务等，在人群中的预测与控制（如互联网流量）。

—— 人工智能领域，在 AI 前提下的无人机群、卫星群等预测与控制（如每逢节假日做表演的无人机群）。

最著名的是市场经济学中"看不见的手"，导致经济危机周期性爆发。利用群论该如何解释？

在信息传播、行为结果传播后，最终导致每个个体形成的群体，行为一致，到达极限或者说重大改变前的临界点。

因为个体的"有限理性"，同时因为信息的不完整性，每个个体无法获得事件在社会中的进展程度，并且个体也知道自己没有获得完整、全部的信息，一旦因偶然事件触发群体中的极少个体做出行为改变，其他个体跟随，就会导致群体整体的危机爆发，形成经济循环的周期。

这是"看不见的手"无法在短时间内迅速调节的事件。

金融投资，特别是股票二级市场投资，其行为也具备极其相似的特点：每个人独立思考并决策，追求利益最大化，最终形成群体行为一致，然后到达临界点，形成周期循环往复。信息的传递和不完整性同样在金融市场中起着关键的作用。

我想，这应该是周期性经济危机，看不见的手的定性解释。

人群的"群体心理"变化也是社会学的重点研究对象。例如，国内有重庆大学经略研究院李泉的文章——《全球化条件下，以"攻心为上"的超限战博弈方式》。

国外的有关研究，已经走到了前面，形成了较为完备的实操体系，"通过议题设定（agenda setting）、框架（framing）和启动效应（priming）这三种主要模式，来完成群体心理的研究"。

所以，我们作为投资者，必须具备分辨信息的能力，冷静理性，从而摆脱"群体行为"对我们的影响，避免"随大流"的投资。

二、定义

什么叫作群体？群体中个体之间存在相互物理作用力、相互心理影响力的群，才定义为群体。例如沙粒堆，互为压力与支持，即为群。

个体之间不存在相互作用，既不是物理力，也不是心理力，只能称作离散的合集，而不是群。

群体存在幂律分布，离散集合则是正态分布。物理化学实验的结果，单次之间互不影响，多数是正态分布。社会学领域对人的行为的统计，很多是幂律分布。为什么是幂律分布？群体中个体之间，存在相互作用，其实质是存在"信息"的交换。例如，沙粒交换的是力的大小，人群交换的是信息。当一个信息被一个人采用，作出了决策，一定对应了一个行为，比如买进。那么这个买进行为又强化了（正反馈）原来的信息，导致更多的人买进。最终形成幂律放大的效应。卖出行为也是同样的过程。如果合集内的个体之间没有相互作用力，则不存在这种幂律放大效应。

现代经济学的前提假设是，人都是完全理性人。可是行为经济学已经证明，人只是"有限理性"，很多时候，人会做出非理性的、错误行为。而且，这一非理性的行为，会在人群之间传导，最终导致"人群"的集体犯错。

如果可以搞清楚人群何时理性、何时非理性，那么在营销、投资、投票、娱乐等众多方面，就有了可分析、可预测、可管理的科学依据了。

现存的有关群体行为的研究，较早的有麻省理工的媒体实验室，代表人物是伊藤穰一（Joi Ito）他提出了"涌现""爆裂"等观点。

国内接触到的有北京师范大学系统科学教授张江，提出了"复杂科学"的观点，并用有关鸟群的研究进行佐证。他认为，一群鸟可以一起飞，遇到外敌攻击会集体躲避，然后回归群体飞行；遇到障碍物会自动分开，过后又可以合为一群。

同样，有的鱼形成鱼群后，也有类似的"群游"行为。

它们是怎么做到在高速飞行（或是游动）的同时，"既有秩序，又有灵活"的呢？

1983 年，计算机图形学家克雷格·雷诺德（Craig Reynolds）在自己的电脑上，虚拟出了一组鸟群，并找到了关键的因素：每只鸟的"视野半径"。例如，设定虚拟鸟的视野半径有"50 个像素"那么长。然后设定简单的相互作用的规则。

①靠近。在视野半径之内，每只鸟尽可能靠近它的邻居。②对齐。在视野半径之内，每只鸟的飞行都和邻居对齐。③避免碰撞。在视野半径之内，每只鸟和障碍物或者邻居的距离太近，比如小于 10 个像素的距离，这个鸟就会调整方向。

这样，克雷格·雷诺德（Craig Reynolds）就成功地做到让虚拟的鸟群，在电脑屏幕上，像真的鸟群那样飞行！

接下来的问题是，如何测量群体里面，个体之间的相互作用呢？

2017 年，意大利物理学家乔治·巴雷西（Giorgio Parisi）用统计学的"相关性"，来衡量鸟的互动。如果每 2 只鸟飞行方向完全一致，相关性就是 1，这时整个鸟群非常有秩序，但是缺乏灵活性；如果 2 只鸟飞行方向不相关，则相关性为 0，整个鸟群非常灵活，但是没有秩序，群体很快就会解散。

靠得越近的鸟，它们的飞行方向就会越一致，相关性越高。反过来，2只鸟的距离越远，相关性就越小。

巴雷西画出了这条"相关性"随鸟的间距变化的关联曲线，如图9-8所示。

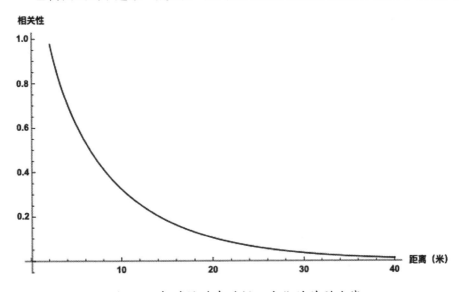

图9-8 相关性随鸟的间距变化的关联曲线

图 9-8 是相关性随距离的增加，逐渐降低的曲线。相关性随距离降低的速度，不能太快，也不能太慢，必须在一个中间范围，不快不慢，鸟群才能展现出既有秩序，又有灵活的状态。

在计算机里，我们可以通过设定前面说过的"视野半径"，来调控鸟和鸟之间的相关性。

视野半径过大，每只鸟可以看到其他所有鸟的动作，那么鸟群会迅速统一向一个飞行方向；视野半径过小，鸟看不到周围的鸟，就会各自乱飞。

巴雷西的这条曲线，完美符合数学上的"幂律曲线"。正是这条曲线，才让研究人员从数学上把握住了鸟群飞行背后的关键特征！张江教授将其命名为"幂律关联"。

再回到人类群体行为的研究，人类的"视野半径"是多少呢？

英国人类学家邓巴（Robin Dunbar），通过研究寄圣诞卡的习惯，提出了著名的 150 定律，即人类拥有的稳定社交网络的人数，大约是 150 人。

即使现在有了互联网，可以把世界连在一起，Facebook 公司的数据分析表明，在线维护的朋友数量，与传统生活中离线维护的朋友数量基本一致，均为 150 人。

也就是说，人类的"视野半径"是 150 人，既不太多，也不太少。这样，我们就可以得出，人类群体的连接也是"幂律关联"。互联网、移动互联网，可以让这 150 人的群体之间，联系得更为频密，但不会让总人数上升。

那么问题来了，如果一个人投资的结果不好，是否意味着其身边 150 人的群体，都不好呢？

如果想突破不好的投资结局，那么最好的办法就是找到群体之中，那个投资结果好，并且不是凭借运气的一段时间的好，而是有科学方法论的长久的好，然后加入他的群体，就可以改变投资结果。

三、形成群体的内因

首先，现代科学的三大基础理论是信息论、控制论和系统论，信息论对群体的形成起着绝对的作用。

其次，世界的三大基础核心因素是能量、信息和时间，由瑞士联邦理工学院的丹尼尔·施普伦（Daniel Spreng）提出，三因素能量、信息和时间之间，存在相互代偿的关系。

最后，在此基础之上，我们可以看到传播学的新的解释。

①传播即信息传递，简写为信息 1— 编码 — 通过媒介外播 — 解码 — 还原为信息 2；②传播动力是提高能量的效率，或者减少消耗的时间；③人际交往的动力，就是可以相互提高能量效率；个体传播信息时，需要极简的符号，复杂信息不便传播；④群体的形成，就是群内个体存在能量改善，并能带来群体整体的能量改善或者时间消耗变短。

四、传播即信息传递产生的四个阶段

①肢体传播，包括动作、声音和口语，都是一个对信息的编码、解码、明白的过程；②文字传播，继续提高编码能力，使具体的动作、声音和口语，转变为符号；③印刷传播，使用少量的能量，将重要的信息符号，突破空间、时间对信息传递的限制，提高群体，甚至整个人类的能量效率；④电子传播，极大地提高了单位时间下传递的信息量，同时可以实现快速解码。

五、传播和心理学、控制论、系统论的关系

①信息发出者，要用符号去激发接受者的"解码器"，使其用最短的时间、最少的能量，获得最正确的信息；②信息发出者，根据接受者的反馈，改善下一次发出信息的"编码过程"，这些都是心理学研究的内容；③群体内，根据个体的反馈，来调整新信息的发出，维护群体、加固群体、提高群体的能量效率，没有好的个体的信息反馈，就没有群体一致，这即为群论与控制论的重叠部分；④群体先是一个小数量系统，数个小数量群体系统的合并吸收，形成较大系统，最终形成唯一或者唯二的大系统，这个过程应该和系统论有重叠的内容。

六、信息传播在人群产生影响力的临界点

一些信息，基本上不温不火，在特定群体里存在了一段时间后，就被新信息覆盖。

还有一些信息，从开始的不温不火，突然转为迅速扩散，直到最后的尽人皆知。美国宾夕法尼亚大学教授戴蒙·森托拉做了专门的研究，并出版了《临界变革》一书。其中指出，从不温不火到全网火爆的临界点，是25%，亦即如果群体的25%的个体都知道了该信息，信息传播就会快速扩散。

信息的影响力，就此产生。

七、信息的本质

信息是物质的，是伴随着能量和时间同时产生的，就是能量变动量除以时间，即能量效率。为何这样定义信息呢？这来源于前面我们提过的"三因子能量、信息和时间"存在代偿效应的研究，它们之间存在相互转化的效应。那么，能量是天然存在的，时间是天然存在的。

能量变动量除以时间的结果，能量效率也就是天然存在的，换句话说：信息是天然存在的物质。

信息是能量效率。我们的定义，与信息论里给信息的定义不同。

信息论里信息的定义，解决了信息如何度量的问题，而不是信息的本质。

能量增加了，时间不变，能量效率就高了，所需要补充的其他信息量就小了。此处可写作：

（能量1 + 能量2）/ 时间 = （信息1 + 信息2）

例如，可口可乐营销上的"广告轰炸"，通过大量的广告投放（提升总能量），覆盖全部消费人群，就减少了对"目标消费群体"甄别的信息。

王老吉通过调研，获取"年轻人的消费习惯"（信息2），就只投放有针对性的广告——怕上火喝王老吉，减少了广告投放的总能量（少了能量2）。

群体的形成本身也是为了提高群体整体的能量效率，这就是群体存在的

内在因素。

单人狩猎和群体狩猎相比，群体的效率高，所需消耗的能量要少很多；群体之间的分工协作，流水线作业，明显比一个人全包要省时省力得多。

人类各类文明中，历史知识（信息）的传承，各民族知识的横向传播，就会极大提高人类整体的能量效率。

在投资行为上人们自然形成群体，能量（资金）存在于个体手中时，是分散的，也是低效的。当大家把个体能量（资金）存入银行时，银行就可以把一大块能量，配置到效率更高的地方，从而提高社会整体的能量效率。

同样，资金投入股市，是为了形成集中优势，解决了一级股权市场的投资退出问题，最终改善了整体社会的进步，提高了能量效率。

二级市场价格波动周期性的存在，只是在个体之间，能量（资金）不断再平衡的过程而已。

第二部分　系统性风险的度量

关键词：系统性风险、货币固化率、货币剪刀差

绪　论

　　股市系统性风险的量化研究一直不成体系，原因在于其成因以及影响因素过于复杂。来自整个金融市场的系统性风险受到境外市场波动、自身货币政策、财政政策、交易所的交易规则以及投资者的心理、自然环境变化等的影响，而分析的依据——各种社会、金融统计数据又有一定的滞后，所以，很难得出科学的结论。因此，在开始系统性风险研究之前，必须建立一些假设条件，简化研究对象，才能形成研究的基础。

　　前提假设条件有两个：

　　第一，金融资本不可任意跨境流动。一个国家或区域的金融资本与境外的流动是"非自由的"，或者说是"受到严格限制的"，这样该国或者地区央行所公布的金融统计数据才有实际的研究意义。否则，金融资本可以在几天时间之内迅速流入或大量流出，那么在使用央行数据来进行演算时，其所对应的真实情况就失真了。

　　第二，证券交易所没有"融券交易制度"。这样可供交易证券的总供给量就是固定的。否则，融券交易会使可交易的证券总量放大，并不可测知放大到多少数量值，造成证券的供应量不可测，那么系统性风险的研究也就难以把握了。

第十章　金融投资的三方博弈

在金融领域内，市场供给是可供交易的金融产品的数量；市场需求则是愿意入市购买的资金量。

经济学的市场均衡指的是消费品价格的市场均衡，是由供给方——生产者与需求方——消费者双方共同决定的。价格的变动，也是因为供需双方发生变化而导致的，即价格同时由供给和需求来决定。在金融股票市场上，金融投资品的价格也是这样的吗？要回答这个问题，首先要从金融投资产品的价格变动说起。

第一节　需求（资金）与价格的关系

人们经常可以看财经新闻这样报道：×× 日指数暴跌 8%，市值损失 ×× 万亿元；×× 股票连跌 5 日，市值蒸发了 ×× 百亿元。在金融市场中，每一笔成交的买卖，有人卖，就必有人买，流进流出资金是平衡的。那么损失的财富跑到哪里去了呢？是被市场像一把大火一样给烧毁消灭了吗？

金融市场不能创造财富，当然也不会毁灭财富。看清这几个模型就会明白了。

资金流的两个模型：

一、双人单股模型

假设只有两个投资者 A 和 B，一只股票，现价 100 元（见表 10-1）。

表10-1　双人单股模型模拟

状态	投资者A资金	投资者A股票	投资者B资金	投资者B股票	交易价格
初始	100	0	0	1	100
第一次交易	0	1	100	0	100
第一次交易	80	0	20	1	80

财富并没有被毁灭，只是被高位卖出的人拿走了 —— 他可以再投资（留在保证金账户）、持有现金（转入银行活期）或者消费（直接花掉）。

投资者 B 只要不是再投资，那这一种"拿走"，是真正意义上的流出。

二、双人单股全份额模型

假设有多名投资者存在，其中包括两名投资者 A 和 B；一只股票，总股本共 10 股股票，价格 100 元（见表 10-2）。

表10-2　多人单股全份模型模拟

状态	投资者A 资金/股票	投资者B 资金/股票	其他投资者 资金/股票	股票总市值	交易价格
初始	100/0	0/1	未知/9	10×100＝1000	100
第一次交易	0/1	100/1	未知/9	10×100＝1000	100
第一次交易	80/0	20/1	未知/9	10×80＝800	80

由此可以看到：

①股票总市值的计算，是假设在 A、B 两人交易价格的基础上，其他股份持有人全部卖出，而买入方资金是来自证券市场之外的金融市场（9 元 ×100 元 = 900 元）。

②股票总市值的减少，并不是财富消失了，而是买入方需要的资金量减少了（9 元 ×80 元 = 720 元）。

③股票价格下跌，会导致证券市场资金流出，金融市场资金增加（少用了 180 元，还获得了 20 元，共 200 元）。

④传说中的市值损失 1000 - 800 = 200（元），原来跑到这里了。

有了这两个模型，再向更复杂的整体市场（多人多股模型）推演，问题就很明白了。

第二节　需求（资金）存在的各种形式

首先，货币在现实社会中并不仅仅是以现钞、现金的面目存在的。其次，货币遵守收益最大化原则，时时都是逐利的。因此，我们可以看到货币出现的形式有：

①证券保证金；②现钞，国家印制好的钞票；③银行账户的活期现金；④国债企业债券等有价证券；⑤银行账户下的定期存款。

在统计上归结为：M0、M1、M2、M3 等层次。

按照货币与金融市场的关系远近，可以画出示意图，如图 10-1 所示：

图10-1　资金分层示意图

要买金融投资品，如股票，首先要存保证金。

要存保证金，就要将流动性差的各类有价证券，转化成银行体系的现金。

所以，M1、M2 的变化动向，可以反映出未来证券市场的变动。

同样，如果境外资金进入中国，并准备进入证券市场，也会在保证金、M1 和 M2 上反映出来。

第三节　金融投资的三方博弈

普通投资者认为，金融投资是一场买卖双方的博弈，何来第三方？

如果我们仔细分析，就会发现，除了买卖双方以外，还有场外资金这个第三方存在，并且对金融产品的价格变动起着决定性的作用（详见图 3-7 的内容）。

现实中，现价 P0 对买方来说，买完之后能不能上升已经和自己无关，而取决于场外资金会不会在更高的价格 P1，继续买进；

现实中，现价 P0 对卖方来说，卖完之后能不能下跌也已经和自己无关，而取决于场外资金会不会在 P0 或者更低的价格 P2，进场买进。

对单一个体，无论作为买方还是卖方，其力量总是有限的。要想获得资本市场的差价收益，就必须要考虑在下一个时间点，场外的资金是否愿意进场。这就将双方的博弈，演变成了三方的博弈。

下面分析买、卖双方以及场外资金。

一、卖方的力量来自总股份数额，从0到总份数

当一个市场足够大时，单一企业新股上市、配股、增发新股等新增量，相对于总体来说变动不大，可以忽略至近似认为总股份数不变。

股份总数乘以现价 P0，就是总市值，就是卖方力量的具体体现。在研究中，以市场综合指数来替代总市值，则更为方便。

二、买方力量来自货币供应量M1

如果你想投资，总不能拿定期存款去买金融产品吧？如果投资者认为当前市场和现价不值得投资，本着利益最大化原则，就会将具有流动性的资金，转化为流动性低、收益高的其他金融货币形式，退出金融投资市场。

三、场外资金力量来自货币供应量M2

虽然有一部分资金退出了市场，还停留在 M1，但毕竟是小额的。绝大多数的资金，如果一段时期内不准备投入金融市场，还是会寻求较高收益的。所以，场外资金最主要的存在形式是货币供应量 M2。

如果场外资金准备入场，那么其最首要的动作就是从货币 M2 "变身" 为货币 M1。这是无法掩饰的标准动作。

因此，我们从货币的绝对值、相对值、增加速度和变化加速度等出发，

创新地提出了"货币固化率"，严谨地论证了经济社会的投资活跃度以及背后蕴藏的系统性风险。

第四节　具体到证券市场，需求与价格的关系

一、单一股票

股市有其非常特别的地方，与常规的经济规律不尽相同。为了便于分析，我们所分析的市场不存在卖空机制和信用交易等金融衍生交易产品，只是最基础的交易体系。

对单个股票来说，其已发行的股份总额在一定时期内是不变的。

1. 常态的 A 部分

单个股票的价格与供给量的关系，如图 10-2 所示。

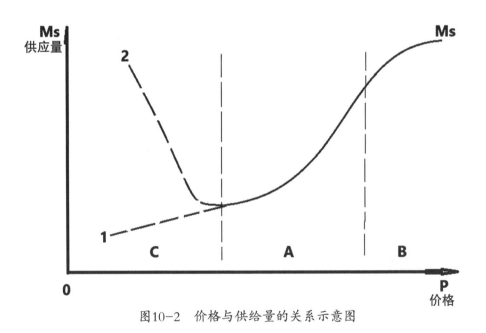

图10-2　价格与供给量的关系示意图

它可分为两种状态的三个部分 A、B 和 C。在 A 部分，随着价格的上升，

愿意卖出的股票份额也在增加，股票供应上升；反之，价格下跌了，愿意卖出的量就减少，股票供应量也随之减少了。这一部分是符合普遍的经济学规律的，可以称为常态。

可是在 B 和 C 部分，就是股市特有的规律了，可以称之为非常态部分。

2. 非常态 B 部分

如果一个股票受到了市场的热烈追捧，那么它的供应量最大值就是它所发行股份的总额，在下次发新股之前，价格再怎么上升，供应量也不会变化。这期间的价格，完全是由需求量来决定的。例如，一家公司的基本面发生了重大变化，采油公司突然勘探到了储量丰富的大油田，其股票的成交量会急剧放大到历史上的最大值。

在实际的市场中，我们可以看到以下两个特殊的现象。

一是随着股价的上升，交易量并不是一路上升至该股份的最大发行量，而是在逐步增加了一段时间后，基本稳定在一个较高水平的交易量上（见图10-3 所示）。

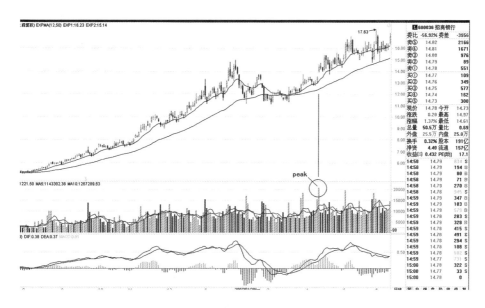

图10-3　招商银行股价与交易量示意图

二是股价突然增加到一个该股交易历史上的最大值，然后稳定在一个比最大值低得多的水平上，股价却在不断地上升，如图 10-4 所示。

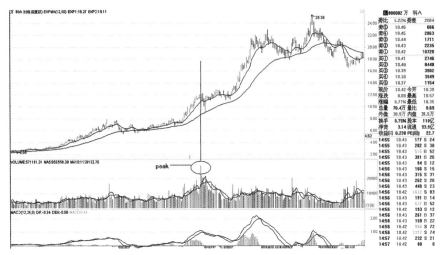

图10-4　万科股价与交易量示意图

按照经济学的供给—价格关系，价格上升，供应量也会不断上升，可是我们并没有看到随着股价上升，成交量不断上升的局面。这两个现象说明普通的经济学规律在股市里并不是完全起作用的，不能简单地套用。

股市有其自身特有的规律，当最大交易量出现后，供应量无法继续增加，只要有需求，股价就会一直上升——在非常态的 B 部分，价格只由需求决定。

3. 非常态 C 部分

在 C 部分分两种情况，一个是曲线 1，随着股价的逐步降低，股票的供应量逐渐走平，近似于一条水平线——供应量接近于一个常数。随着股价的走低，即时的市场交易价远远低于大多数股票持有人的购买价格，如果此时卖出，将给投资人带来巨大的损失，所以大多数人不再理会价格的变化，不论短期的价格变动多少都不愿卖出，形成了大量的"沉淀"筹码。这样的例子可以在熊市中找到很多，此时价格也是只由对股票的需求决定的，与供应量无关。

另一个是曲线 2，所对应的情况是上市公司的基本面发生了重大变化，股价在短时间内急剧暴跌，所有的股票持有人都想立即卖出，此时的供给量就是股份的最大值，股价的高低只取决于对它的需求量。如图 10-5 中世纪中天（000540）和图 10-6 ★ST 酒花（600090）的波动趋势。

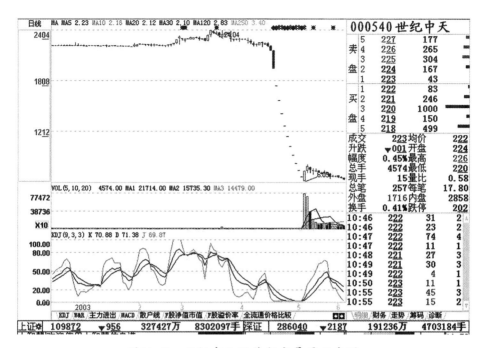

图10-5　世纪中天股价与交易量示意图

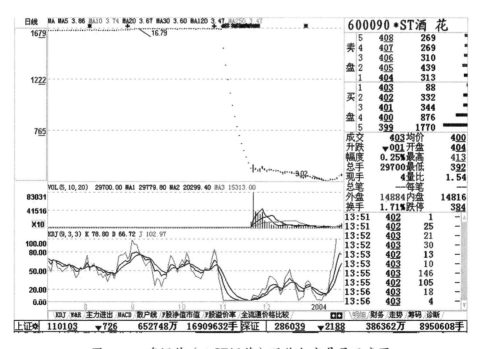

图10-6　啤酒花（★ST酒花）股价与交易量示意图

4. 单一股票状况的小结

在常态的 A 部分，其所对应的是市场价格的均衡状态，外部表现为价格横盘振荡，价格由供给和需求共同决定。

在非常态的 B 和 C 部分，其所对应的是市场价格的变动状态，外部表现为价格的持续上升或下跌，价格只由需求决定。

A、B、C 三个部分组成了连贯变化的过程，在头和尾部只由需求决定，在中间段由供给和需求共同决定，那至少可以得出一个结论：价格主要由需求决定。

二、整体市场

对整体市场而言，当市场已存在的基数足够大时，新增一个或几个的股票发行，不会大幅改变市场的供应量，可以忽略不计。

由于单一个股的叠加，整体市场在均衡状态下，价格是由供需双方决定的，在非均衡的价格变动中，供应量是一个常数，价格只由需求决定。

三、结论

目前，中国股市是研究和解决系统性风险的最佳对象和最佳时机：没有彻底开放，资金的流动受到一定的限制；还没有大量的金融衍生品交易，股票的供应量较好估算，是一个相对稳定的特例。

现存的很多关于货币流动性的研究，如"资产价格的流动性理论"（作者为英国的戈登佩珀和迈克尔·奥利蒂），并没有解决金融投资产品"价格的决定因素"问题。所以，流动性理论只能作为影响因素之一，而不是核心因素。

在现实经济活动中，我们经常可以看到以下现象：

政府（财政）、央行、企业和居民，他们的投资、消费和储蓄行为，其开始、过程和最终呈现都会在货币的变化中反映出来。

企业的进出口、政府的对外投资和境外资本的流进流出，也会立即从货币上反映出来。

居民的消费、储蓄、投资和境外汇款，也会在货币上反映出来。

换句话说，如果可以获得央行货币的每日数据，就可以知道金融市场的具体情况。所以，货币流动性研究，是领先的、中间传导的和最终反映的最关键的因素。

就目前已做到的分析而言，我们至少可以合理地假设：股票的价格只由需求决定。在此基础之上，才有可能更深一步地走下去。如果在这个假设之上所做出的推论和预测，被市场验证的话，就反过来证明了这个假设本身是正确的。

第十一章　数量概率模型

系统性风险的外部表现就是市场指数的波动概率。在引入新的定义之前，为便于理解，先介绍数量概率模型。

为了便于理解，举例进行说明。

袋中有 100 个球，其中有 99 个白球、1 个红球。如果可以从袋中一次性取出任意数量的球，那么，取出红球（取出的球中包含红球）的概率是多少？简单地一想就知道，如果只取一个球，取出红球的概率是 1%，如果取 100 个球，取中的概率是 100%。精确的数学计算如下：

m ＝一次性取出球的数量

p ＝取中红球的概率

那么：

$p = C_1^1 \times C_{99}^{m-1} / C_{100}^m$

因为：

$C_1^1 \times C_{99}^{m-1} = 1 \times 99 \times (99-1) \cdots \times [99-(m-1)+1] / (m-1)$

$C_{100}^m = 100 \times (100-1) \cdots \times (100-m+1) / m$

所以，结果就是：

$p = C_1^1 \times C_{99}^{m-1} / C_{100}^m = m / 100$

取中红球的概率就是一次性取出球的数量，即取一个球的话，取中的概率是 1%；取 20 个，取中的概率是 20%；取 80 个，取中的概率是 80%；取 100 个，取中的概率是 100%。

在数量化的活动中，数量本身的比例，就是活动结果出现的概率。

有了这个"数量概率模型"，对金融市场的系统性风险研究就有了突破口！我们才能明白，央行统计的各种货币与货币总量之比，其内涵就是金融市场事件的发生概率。

第十二章　风险的新定义

现代金融投资学理论中，风险的定义是"未来收益的不确定性"，然后通过精确的数学模型，推演出了资本资产定价理论、套利定价理论等投资组合模型。且不论这些理论实际的使用效果和被接受的程度，其最终的出发点是为了"降低非系统性风险"，也就是说在现代金融投资理论中，还没有专门的"降低系统性风险的有效研究和方案"。现在，本章就是要提出一个新的定义，并在此基础上解决金融投资的系统性风险问题。

第一节　风险的定义

最直观的理解，风险就是价格下跌的概率，亦即在某个价位，愿意卖出的股份数比上总股份数。这样，我们就可以定性地理解，"天量天价、地量地价"的股市现象了。因为不论个股还是市场总体，在短期内，总股份数是不变的，愿意抛出的股份数就是即时的成交量，它越低，下跌的概率就越低；反之亦然。但是，按照这个方向研究下去，就会取太多的经验值和从市场交易数据中取数据，所以，必须换一种表示风险的方式。

在第十章，我们合理地假设了"股票的价格只由需求决定"，而且在金融市场中，需求一定表现为"在某个价格时愿意购买的资金"。根据数量概率模型，那么"愿意购买的资金"占总资金的比例就是"不下跌"的概率。由此，下跌的概率就是：

P = 1 -（愿意购买的资金 / 资金总额）×100%

对单一个股而言，愿意购买的资金、关注该股的资金总额等数据都无法统计，所以这个定义没什么意义。但是对股票市场整体而言，国家定期公布的各种金融数据确实有着实际意义和用途。也就是说，本定义的设立，提供了一条崭新的解决系统性风险的途径。

第二节　风险的度量

各个国家的金融管理机构，会定时公布和监控金融流通中的各种统计货币的情况。虽对各阶层货币统计内涵有所差别，却也是大同小异。现以我国为例，人民银行规定：

M0：流通中的现金，即在银行体系外流通的现金；

M1：流通中的货币（狭义货币），即 M0 加上企事业单位的活期存款；

M2：流通中的货币加上各种准货币（广义货币），即 M1 加上企事业单位定期存款、居民储蓄存款和其他存款。

根据对系统性风险的定义，下跌的概率是：

P ＝ 1 －（愿意购买的资金 / 资金总额）×100%

我们可以得知：0 ＜ P ＜ 100%。

一、细分各层面的资金

如果资金从股市中退出，并且在短期内都不准备重新投入股市，根据资本逐利原则，这些资金一定会转化成拆借资金、债券、外汇、定期存款、资本性商品等其他各种形式的准货币资本（流出境外的形式暂不讨论）。

如果资本认为股市投资的回报率有吸引力，就会从准货币存在形式先转化为货币的形式，再进入股市（同样，境外流入暂不讨论）。

所以，上述公式中，资金总额应包括货币和准货币，即 M2；愿意购买资金的直接来源是 M1。

如果让愿意购买的资金占 M1 的比例称作 K（0 ＜ K ＜ 100%），那么上述公司可以表述为：

P ＝ 1 －（M1×K / M2×100%）

P ＝ 1 －（M1 / M2）×K

虽然我们目前还不能得出各时期下跌概率的具体数值，但是这不妨碍我们对下跌概率（风险）的峰值的推演。另外，我们知道，货币流通本身对货币有着最低的要求，M2 不会全部转化成 M1，或者说 M1 总是小于 M2，即便 K 以最大值 100% 出现，下跌的概率 P 也不会出现等于 0 的情况。照此公式是不能得出实际市场的历史数据中 P 等于 0 或者 P 等于 100% 的结果的。对这一情况，将在后面修正。

二、定性分析

在公式 P = 1 −（M1/M2）×K 中，可以看到比例系数 K 和因子（M1/M2）。

在货币银行学中，M1 / M2 称作"流动性比率"，流动性比率越低，市场的系统性风险越高，股市越不活跃；反之，流动性比例越高，系统性风险越低，股市越活跃。本公式首先说明"股市的系统性风险和流动性比率相关"。

在 K 不变的情况下，M1 / M2 上升，下跌的概率下降，系统性风险降低。

M1 / M2 流动性比率的上升，可以理解为在货币供应量增加的前提下，M1 增加的量大于 M2 增加的量，更多的钱倾向于"以更好的流动性的 M1 的形式存在"，亦即投资的意愿提升。

三、系数K的分析

在 M1 中愿意购买的资金比例称作 K。在愿意购买的资金中又分为价值投资的资金和趋势投资的资金，那么，将价值投资资金的比例定作 V，将趋势投资资金的比例定作 T，则：

$$K=T+V$$

价值投资者所判断的依据是投资品的价值不变时，价格越低，投资风险越小；趋势投资者的判断依据是价格变动的方向，价格不会上涨，就不入市购买。

同时，价值投资资金判断的依据是回报率，只有当价格发生较大变化时，V 才发生显著变化，即 V 对价格的敏感程度较低。趋势投资资金判断的依据是价格的变动方向，任何幅度的价格变化都可能是价格趋势的关键因素，所以，T 对价格的敏感程度较高。

四、定量分析，公式推演

对下跌概率的变化，$\triangle P$，作进一步推演，如下：

$P = 1 - （M1 / M2）\times K$

$\triangle P = P2 - P1$

$\quad = [1 - （M1_2 / M2_2）\times K_2] - [1 - （M1_1 / M2_1）\times K_1]$

$\quad = （M1_1 / M2_1）\times K_1 - （M1_2 / M2_2）\times K_2$

如果 S1 为 M1 的变动百分比，S2 为 M2 的变动百分比，即 M1 的增速为 S1，M2 的增速为 S2，那么：

$\triangle P = （M1_1 / M2_1）\times K_1 - （M1_2 / M2_2）\times K_2$

$\quad = （M1_1 / M2_1）\times K_1 - M1_1 \times （1+S1）/ M2_1 （1+S2）\times K_2$

至此，我们可以将货币供应量区分时间的下标符号去掉，那么：

$\triangle P = K1 \times （M1 / M2）- K2 \times M1 \times （1+S1）/ M2（1+S2）$

在微分的领域里，K1=K2。

现实情况中，紧邻的两个月份的 K 变化不大，如果资本市场不能跨境自由流动，即简写为 K，那么：

$\triangle P = K \times （M1 / M2）\times [1 - （1+S1）/ （1+S2）]$

$\quad = K \times （M1 / M2）\times （S2 - S1）/ （1+S2）$

公式中的（1+S2）可视作一种修正的权数或系数，它不会改变（S2 - S1）的正负，那么可以得出结论：

下跌概率变化，即系统性风险的变动，与一个新项目（S2 - S1）/ （1+S2）正相关。

五、货币固化率的诞生

新增加的项（S2 - S1）/ （1+S2），可以称作货币的固化率 S（solidifying speed of money）。

上述公式可写作：

$\triangle P = K \times (M1 / M2) \times S$

货币的固化率 S 越高，代表 M2 的增速比 M1 的增速越快，生产、贸易等创造的货币更多地转化为较稳定的准货币，较少部分留在了活跃的 M1 里面，市场的下跌概率增加，系统性风险越高，整个货币流通领域和金融投资活动趋于平静；同时，我们将货币的固化率 S 大于零的货币运行状态称作"沉"，表示活跃货币在向非活跃货币"沉淀"。

货币的固化率为负值，代表 M1 的增速比 M2 的增速快，不但生产、贸易等环节创造的财富更多地留在 M1 里，而且大量的原来稳定的准货币转化成了货币 M1，市场的下跌概率减少，系统性风险降低，整个货币流通领域和金融投资活动趋于活跃。这时，我们将货币的固化率 S 小于零的货币运行状态称作"钟"，表示非活跃货币在向活跃货币转化，经济状况有发生通货膨胀的可能性，应该引起足够的重视 —— 敲敲警钟。

另外，货币运行的两种状态"沉""钟"应该和通货膨胀和通货紧缩密切相关，当然，这需要更多的物价指数研究和数据的支持。

再进一步引申，货币固化率反映了社会整体经济的活跃程度和经济活动中投资意愿的"凝固"程度。

处在"沉"状态时，资金的投资意愿不高，退出经济活动领域，倾向于稳定高收益的金融资产，回避各类投资风险。

处于"钟"状态时，资金非常愿意参与投资，包括新开工、开新店、投股权，经济处于扩张期，资金倾向于进入市场来博取高收益。

六、系统性风险的变动率

如果将系数 K 的干扰去除，就可以更好地对本理论进行验证。

继续计算，得到：

$\triangle P = K \times (M1 / M2) \times S$

$(\triangle P2 - \triangle P1) / \triangle P1 = \{[K \times (M1 / M2) \times S]2 - [K \times (M1 / M2) \times S]1\} / [K \times (M1 / M2) \times S]1$

$$= \{[K \times (M1 / M2) \times S] 2 / [K \times (M1 / M2) \times S] 1\} - 1$$

将系数 K 约掉，可得

$$(\triangle P2 - \triangle P1) / \triangle P1 = \{[(M1 / M2) \times S] 2 / [(M1 / M2) \times S] 1\} - 1$$

在现实领域中，(M1 / M2) 的值变化非常小，基本在 0.33 ~ 0.35 之间，近似于相等，可以再简化为：

$(\triangle P2 - \triangle P1) / \triangle P1$ 写作 $\triangle\triangle P$

$$\triangle\triangle P = (S2 / S1) - 1$$

$\triangle\triangle P$ 即为系统性风险变化的变动率，可以得出：

首先，$\triangle P$ 为正值，S1、S2 也同时为正值。

当 S2 > S1 的时候，(S2 / S1) > 1，$\triangle\triangle P$ > 0，系统性风险在增加，而且增加的幅度在扩大，市场指数应保持原来的运行趋势不变。

当 S2 < S1 的时候，(S2 / S1) < 1，$\triangle\triangle P$ < 0，系统性风险虽然还在增加，但是变动的幅度开始减少，市场指数的运行趋势发生改变。

其次，$\triangle P$ 为负值，S1、S2 也同时为负值。

下跌概率的变化 $\triangle P$，即风险的变化，可以明显看出：

$\triangle P$ > 0 时，货币的固化率 S > 0，下跌概率加大，指数下行，当货币固化率 S 到达最大峰值时，$\triangle P$ 也达到峰值，股市见底；

$\triangle P$ < 0 时，货币的固化率 S < 0，下跌概率减少，指数上行，当货币固化率 S 到达最小峰值时，$\triangle P$ 也达到峰值，股市见顶。

愿意购买的资金比例 K 一直是个难点，因为 K 是一个无法统计、总在变化、永不重复的系数。但是，可以从社会统计学、人类行为学的角度得出结论：在股市长期低迷的高级别大底的底部区域，人们的投资行为趋于一致。同样，在股市过热，价值投资资金撤出，居民储蓄尽数进入股市的头部区域，人们的投资行为还是一样的。也就是说，在股市的底部和头部，峰值部分，是可以将上面公式中的 K1、K2 视作不变，简写为 K 的。再通过历史数据的推算，可以得出一个底部、头部区域愿意购买的资金比例的经验值。

这样，本模型对于股市头部、底部的预测，在理论上是完全科学的、行得通的。

第三节　度量风险的内容总结

至此，可以从本模型中得出以下结论：

一、股市指数的变化和货币的流动性比率M1 / M2正相关

从公式 P = 1 - (M1 / M2) × K 看，当 M1 / M2 上升时，下跌概率 P 降低，股指上行。反之，亦然。

二、股市指数的变化与货币固化率S负相关

从公式 △P = K × (M1 / M2) × S 看，S 与 △P 正相关，而 △P 与股指是负相关，所以 S 与股指负相关。

三、股市指数的峰值与货币固化率S的峰值同步

当货币固化率 S 到达最大峰值时，△P 也达到峰值，股市指数见底；

当货币固化率 S 到达最小峰值时，△P 也达到峰值，股市指数见顶。

综合以上三个结论，就可以准确地度量出股票市场的系统性风险和风险的变动。

让我们用实践来检验一下吧。

第十三章 中国股市历史数据的实证分析

我国股市自 1990 年以来，从起步到足够壮大，目前已有 30 多年的历史。我们就取 2000 年以来的数据对上述四个结论进行验证，一是中国人民银行公布的 2000 年至今的准确数据较易获得；二是 2000 年后的股票市场市值与货币总量相比足够大，看看结果如何。

第一节 股市指数与流动性比率 M1 / M2 的相关性验证

在文末的附件一中，详细列出了 2000 年至 2009 年 8 月的上证综指月线收市指数、中国人民银行公布的月度货币供应量 M1、M2 数据，以及经过计算得出的流动性比率 M1 / M2 的数值。这里直接以图 13-1、13-2 表示出比较结果。

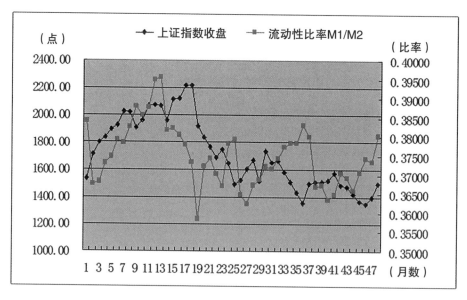

图13-1 上证综指2000—2003年月线与流动性比率比较示意图

看 2000 年至 2003 年的比较，可以认为股指与流动性比率基本相关，但是也存在偏差。

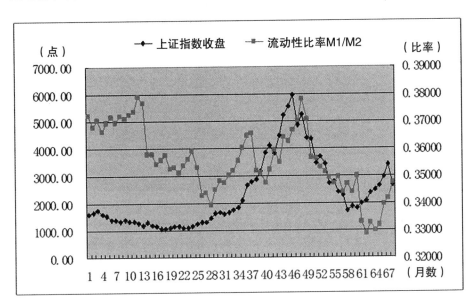

图13-2　上证综指2004—2009年8月月线与流动性比率比较示意图

自 2004 年以来，上证综指与流动性比率是强相关关系。

看过总貌，我们再来看逐年的比较结果。

经过比较以上 10 组数据，其中正相关关系 8 个，不相关关系 2 个。

第一，不相关关系的原因是基本交易规则发生重大变化，供应量或预期供应量大增，改变了"需求决定价格"的假设条件。此两例也从反面证明了"在正常交易条件下，供应量没有大的变化时，价格只由需求决定"。

第二，流动性比率有着显著的"峰值"延迟特性。这反映了投资者心理和风险偏好。

第二节　股市指数与货币供应量M1增速S1的相关性验证

在文末的附件一中，详细列出了 2000 年至 2009 年 8 月的上证综指月线收市指数、中国人民银行公布的月度货币供应量 M1 数据，以及经过计算得出的货币供应量 M1 增速 S1 的数值，上证综合指数与货币供应量 M1 的增速 S1 之间的相关性如图 13-3、图 13-4 所示。

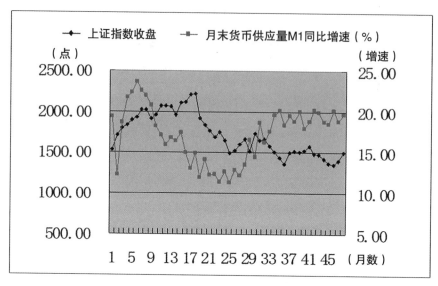

图13-3　上证综指2000—2003年月线与货币增速S1比较示意图

看 2000 年至 2003 年的比较，可以认为股指与流动性比率基本相关，货币增速 S1 基本正相关，只是在图表横轴的中间段部分有一段不是正相关。

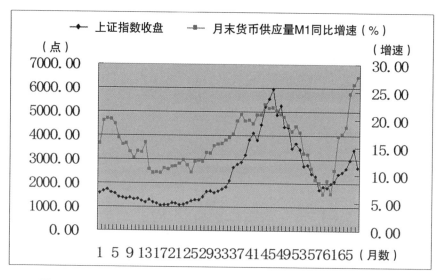

图13-4　上证综指2004—2009年月线与货币增速S1比较示意图

自 2004 年以来，上证综指与货币增速 S1 有很好的正相关关系。

小结：

经过比较以上 10 组数据，其中正相关关系 7 个，局部正相关 2 个，非正相关关系 1 个，并且有以下特点：

第一，非正相关关系的 2003 年仍有 4 个时段有正相关。

第二，局部正相关中，货币增速 S1 的变化具有领先性，虽不是完整的正相关，但是并不妨碍依据货币 M1 的增速 S1 的变化来预测股市的变动，反而在时间上提前给出了可靠的信号。在 10 组数据中，可以看到 S1 的领先性的年份有 6 个。

第三，最近 6 年的数据全部是正相关关系，而且可以在历史数据中再次找到正相关、局部正相关的年份，这说明正相关关系并不是统计时间上的巧合。

经过仔细的比对分析，完全可以得出 "股市指数与货币 M1 的增速 S1 正相关" 的结论。

第三节 股市指数与货币的固化率S的相关性验证

在文末的附件二中，详细列出了 2000 年至 2009 年 8 月的上证综指月线收市指数、中国人民银行公布的月度货币供应量 M1、M2 数据，以及经过计算得出的货币供应量 M1 的增速 S1、货币供应量 M2 的增速 S2 的数值，以及与之对应的货币固化率 S 的数值。上证综合指数与货币固化率 S 之间的相关性如图 13-5 所示。

图13-5　上证综指2000—2009年月线与货币固化率S比较示意图

从图 13-5 中可以清楚看出，货币固化率 S 与上证综指成负相关关系。我们按年度图逐一比较，可以得出更为详尽的结果。

小结：

经过以上 10 年数据的比较，可以看出：

—— 固化率变动趋势的转折点、负变化的临界点，是指数的变化点。

—— 在 2002 年、2004 年出现了不符合本章对固化率 S 数量模型所做出的推论，但是在其他的 8 年中，符合我们所预测的结果，完全可以得出"股市指数与货币的固化率负相关"的结论。

第四节　股市指数峰值与三项数据峰值的时间相关性验证

用来测算系统性风险的这三项新的指标，是独立起作用，还是存在共振点呢？让我们来综合分析。

首先，将上证指数的峰值列出。上证指数的高峰值是指在统计区间 12 个月内的最大值，低峰值是指在统计区间 12 个月内的最小值。

上证收盘指数的峰值如图 13-6 所示，"○"圈出了高峰值，"□"指出了低峰值。

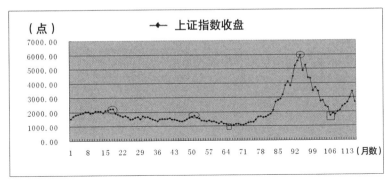

图13-6　上证指数2000—2009年8月总貌图

上证指数的高点有三次，第一次出现在2001年的6月，为2218点；第二次在2004年3月的1741点；第三次出现在2007年10月的5954点。

上证指数的低点有两次，第一次在2005年5月，为1060点；第二次在2008年10月的1728点。

接着，我们逐一比较。

一、股市指数峰值与流动性比率M1 / M2的峰值比较

流动性比率M1 / M2的高峰值是指在统计区间12个月内的最大值，低峰值是指在统计区间12个月内的最小值，如图13-7所示，"○"圈出了高峰值，"□"指出了低峰值。

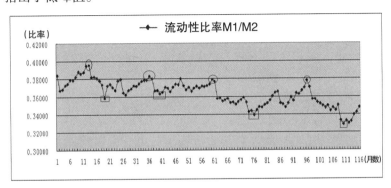

图13-7　流动性比率2000—2009年8月总貌图

二、高峰值的比较

流动性比率 M1 / M2 的高峰值有四次，第一次出现在 2001 年的 1 月，为 0.39555；第二次为 2002 年 12 月的 0.38313；第三次为 2004 年 12 月的 0.37902；第四次为 2007 年 12 月的 0.37815，可以算出，流动性比率的峰值均值是 0.38396。

比较结果：

——高峰值出现的次数并不一致，流动性比率出现高峰值并不一定带来指数的高峰值。

——第一次高峰值流动性比率出现得较早，后两次流动性比率的峰值都比指数峰值出现得晚，如图 13-8 所示。

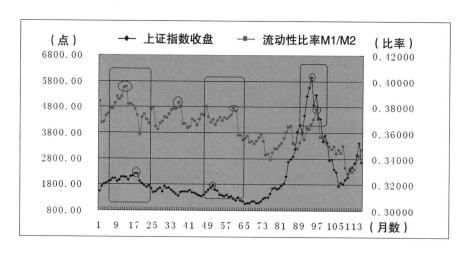

图13-8　2000—2009年上证综指与货币流动比率比较总图（一）

三、低峰值的比较

流动性比率 M1 / M2 的小峰值也有四次，第一次出现在 2001 年的 7 月，为 0.35853；第二次在 2003 年 4 月，是 0.36364；第三次是 2006 年 4 月的 0.33914；第四次是 2009 年 2 月的 0.32859。

低峰值的均值是 0.34748。

比较结果：

——上证指数低点有 2 次，流动性比率的低点有 4 次，可见，流动性比率的低峰值并不是股指低峰值的充分条件。

——可比较的两次，流动性比率低峰值出现的时间仍然比指数低峰值晚，如图 13-9 所示。

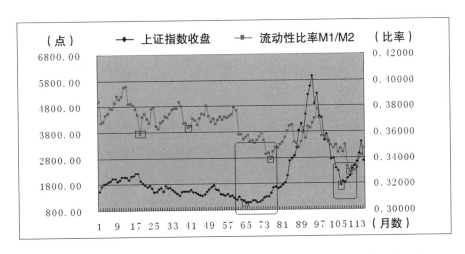

图13-9　2000—2009年上证综指与货币流动比率比较总图（二）

四、流动性比率峰值在时间上比指数峰值滞后的推测与解释

在短期内货币供应量总额 M2 并没有发生特别的变化，当股市见顶时，从股市退出的趋势性投资资金还没有立即转化为较稳定的准货币，只是停留在 M1 层面，造成了流动性比率 M1 / M2 继续上升；当股市见底时，还没有很多的准货币转化成 M1，原来停留在 M1 层面的趋势性投资资金，加快流入了股市，造成了流动性比率 M1 / M2 还会下降一段时间。

上述现象印证了我们对"愿意购买资金的比例系数 K"的峰值的推测，将在后面用实际数据修正概率公式时起较大作用。

五、股市指数峰值与货币供应量M1的增速S1的峰值比较

货币供应量 M1 的增速 S1 的高峰值是指在统计区间 12 个月内的最大值，低峰值是指在统计区间 12 个月内的最小值，如图 13-10 所示，"○"圈出了高峰值，"□"指出了低峰值。

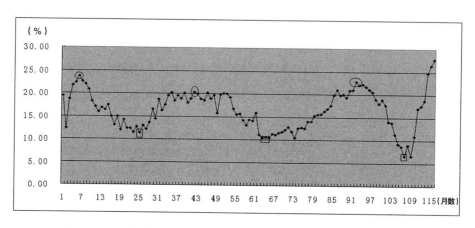

图13-10　货币供应量M1的增速S1 2000—2009年8月总貌图

六、高峰值的比较

货币供应量 M1 的增速 S1 的峰值有四次，最后一次就是本次数据的最末尾一个，无从比较，所以忽略不计，只有三次峰值。那么，它们分别是第一次在 2000 年 6 月，23.70%；第二次 2003 年 6 月，20.24%；第三次 2007 年 8 月，22.77%。增速 S1 的四次高峰值均值为 23.61%。

比较结果：

——两项指标高峰值出现的次数是一致的。

——第一次峰值 S1 领先上证指数 12 个月，第二次领先 9 个月，第三次领先 2 个月。

——如果将第二次增速 S1 的峰值向右寻找增速大幅变化的临界时间点，就会看到在 2004 年 3 月出现与指数完全同步的峰值 20.12%，如图 13-11 所示。

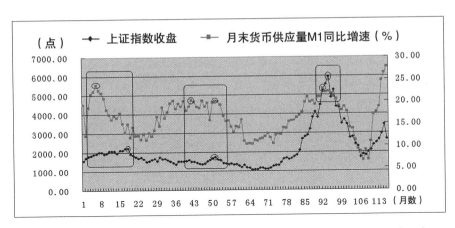

图13-11　2000—2009年上证综指与货币M1的增速S1比较总图（一）

因此，可以认为"只要出现增速 S1 的峰值，必然就有股票指数的高峰值随后出现"。

七、低峰值的比较

货币供应量 M1 的增速 S1 的峰值有三次，第一次，2002 年 1 月 11.34%；第二次，2005 年 3 月、5 月 10.40%；第三次，2008 年 11 月 6.63%。三次低峰值的均值是 9.46%。

比较结果：

——增速 S1 低峰值出现的次数比指数低峰值多一次，即"S1 低峰值不一定就会有指数低峰值"。

——如果排除 2002 年"股改全流通"的特殊因素，可以发现两项指标低峰值出现的时间几乎完全同步。

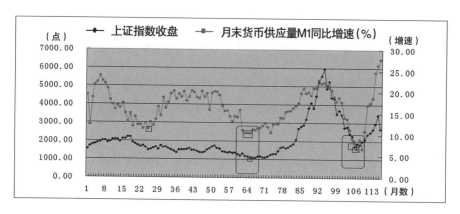

图13-12　2000—2009年上证综指与货币M1的增速S1比较总图（二）

小结：上证综指的高低峰值与货币 M1 的增速 S1 的高低峰值有很高的时间同步性。

八、股市指数峰值与货币固化率S的峰值比较

货币固化率 S 的高峰值是指在统计区间 12 个月内的最大值，低峰值是指在统计区间 12 个月内的最小值，如图 13-13 所示，"○"圈出了高峰值，"□"指出了低峰值。

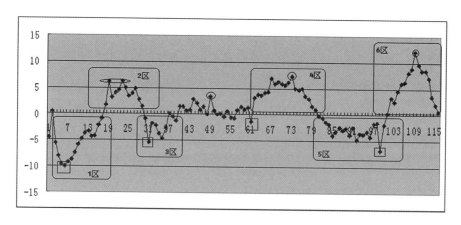

图13-13　货币固化率S 2000—2009年8月总貌图

因为货币固化率的正负转折也是货币 M1、M2 增速比较的关键点，所以本图增加了 6 个区域，分别是三个正区域和三个负区域，按时间顺序编号 1 至 6 区域。

货币固化率高峰值有四次，第一次，2001 年的 7 月、11 月，数值为 6.21；第二次，2004 年 1 月，数值为 3.41；第三次，2006 年 1 月，数值为 7.32；第四次，2009 年 1 月，数值为 12.06。

货币固化率低峰值也有四次，第一次，2000 年 6 月，数值为 -10.01；第二次，2002 年 7 月，数值为 -5.33；第三次，2005 年 1 月，数值为 -1.36；第四次，2008 年 3 月，数值为 -6.78。

货币固化率正区域转到负区域目前有两次，第一次发生于区域 2、3 之间，在 2002 年 6 月；第二次发生于 4、5 之间，在 2006 年 9 月（目前区域 6 在最后一个数据——8 月的数据为 0.81，正处在正负转折的临界点）。

货币固化率负区域转到正区域目前也有两次，第一次发生于区域 1、2 之间，在 2001 年 6 月；第二次发生于区域 5、6 之间，在 2008 年 5 月。

按照本节开始时的统计数据：

上证指数的高峰值有三次，第一次出现在 2001 年的 6 月，为 2218 点；第二次在 2004 年 3 月的 1741 点；第三次出现在 2007 年 10 月的 5954 点。

上证指数的低点有二次，第一次在 2005 年 5 月，为 1060 点；第二次在 2008 年 10 月的 1728 点。

把以上数据用图表示，如图 13-14 所示。

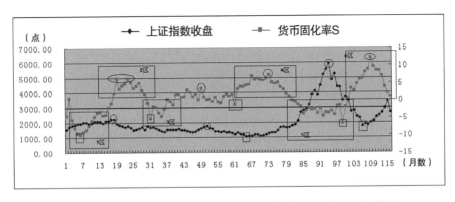

图13-14　2000—2009年上证综指与货币固化率S比较总图

九、货币固化率正区域与股指低峰值比较

股指二次低峰值分别出现在固化率正区域 4 和 6 的时间段，说明正区域对应的是股市的底部区域，但是正区域 2 是例外，股指经过一段时间的下跌后，继续在 2002—2004 年创出了新低，正是中国讨论、实施"股改全流通"的时期，这一特殊时期可以排除。

同样，区域 2、3 之间的转折，固化率的第二次、第三次低峰值，固化率的第二次正峰值，股指的第二次高峰值，都可以排除。图 13-14 就可以简化成如图 13-15。

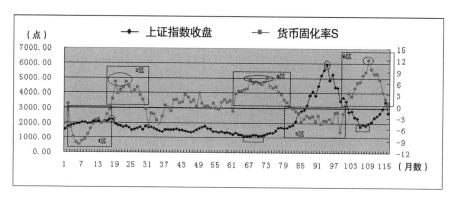

图13-15　简化2000—2009年上证综指与货币固化率S比较总图

十、货币固化率负区域与股指高峰值比较

股指第一个高峰值出现在固化率由负区 1 转成正区 2 的转折点，第二个高峰值则落在固化率负区 5 的时间段。

由 4 区转成 5 区时，股指上升；由负值 5 区转成正的 6 区时，股指下降（同 1 区、2 区的转折变化）。

十一、货币固化率高峰值与股指低峰值的比较

除 2 区的固化率高峰值之外，4 区、6 区的高峰值基本与股指的低峰值同时出现。

十二、货币固化率低峰值与股指高峰值的比较

没有比较结果，说明货币固化率的低峰值可用性不高。

小结：

—— 货币固化率的一种变化方向持续的时间较长，成形后短时间内不会改变。

—— 货币固化率所处的正负区域很重要。

—— 货币固化率变动的趋势和转折点很重要。

十三、股市指数峰值与上述三项指标的共振特点

经过前三节逐一分析，我们分别列出了在股指峰值时三项指标的表现，在本节作出综合分析。

1. 股指高峰值所对应的系统性风险表现

上证指数的高峰值第一次出现在 2001 年的 6 月，为 2218 点，此时货币的流动性比率 M1 / M2 为 0.37336，处在由前期的高点 0.39555 回落途中；而货币供应量 M1 的增速 S1 为 14.92%，处在由高点 23.70% 回落途中；第三项货币固化率 S 正好出现由负区向正区的转折。

上证指数的高峰值第二次出现在 2004 年 3 月的 1741 点，此时货币的流动性比率 M1 / M2 为 0.37045，处在向后期高峰值 0.37902 的上升途中；而货币供应量 M1 的增速 S1 为 20.12%，与前面峰值基本相同，并且是增速 S1 开始下降的临界点；第三项货币固化率 S 在此时点已经被简化掉了。

上证指数的高峰值第三次出现在 2007 年 10 月的 5954 点，此时货币的流

动性比率 M1 / M2 为 0.36694，处在向后 2 个月出现的峰值 0.37815 的上升途中；而货币供应量 M1 的增速 S1 为 22.21%，与前 2 个月的峰值 22.77% 相差无几，并处在下降途中；第三项货币固化率 S 处在负值区域的中后部了。

小结：

—— 货币流动性比率 M1 / M2 在预测指数高峰值时作用较弱，反而可以用作对指数下降趋势开始的最后确认。指数下跌，M1 / M2 的比值反而继续上升，说明资金已经大量从市场流出，更大的下降即将来到。

—— 股指高峰值对应的充分必要条件是"货币供应量 M1 的增速 S1 和货币固化率 S 的特征中必须两项符合"，也就是说，如果"货币供应量 M1 的增速 S1 和货币固化率 S 的特征中只有一项符合"，则此时的股指必然不是高峰值。

—— 如果货币流动性比率 M1 / M2、货币供应量 M1 的增速 S1 和货币固化率 S 的特征中同时符合股指高峰值的要求，则高峰股指必然出现。

2. 股指低峰值所对应的系统性风险表现

上证指数的低点第一次在 2005 年 5 月，为 1060 点，此时货币的流动性比率 M1 / M2 为 0.35582，处在下跌途中；而货币供应量 M1 的增速 S1 为 10.40%，是下降区域的低峰值；第三项货币固化率 S 处在正区的高峰值区域。

上证指数的低点第二次在 2008 年 10 月的 1728 点，此时货币的流动性比率 M1 / M2 为 0.34690，处在下跌途中；而货币供应量 M1 的增速 S1 为 8.67%，是低峰值 6.63% 的前一个数据；第三项货币固化率 S 为 6.28%，正向 3 个月后的高峰值 12.09 上升。

小结：

—— 货币的流动性比率 M1 / M2 的数值处在中间位置，没有特征，所以预测股指底部区域时可以不再考虑此项指标。

—— 货币供应量 M1 的增速 S1 和货币固化率 S 这两项指标的特征同时出现，为股指见底的"充分必要"条件。

第五节 股市指数峰值形成原因的综合解释

以 2008 年 1664 点为例。

一、指数底部的货币供应量M1的特征

表13-1 2008年1664点出现前后的详细数据

时间	上证指数	变动方向	货币供应量 M1 的增速	变动方向	方向比较
2008.09	2293.78		9.23		
2008.10	1728.78	下降	8.67	下降	同方向
2008.11	1871.15	上升	6.63	下降	相反
2008.12	1820.80	下降	8.98	上升	相反
2009.01	1990.65	上升	6.68	下降	相反
2009.02	2082.85	上升	10.87	上升	同方向

货币供应量 M1 的增速与大盘指数的相关性几乎等于 1，但是在底部为什么会出现完全相反的变化？是偶然还是必然现象？其内在因素是什么？在看过固化律的特征后，对上述疑问就一目了然。

二、指数底部的货币固化率S的特征

表13-2 指数底部的货币固化率S的特征

时间	上证指数	变动方向	货币固化率 S	变动方向	方向比较
2008.09	2293.78		5.191		
2008.10	1728.78	下降	5.463	上升	不理会指数，一路上升
2008.11	1871.15	上升	7.044	上升	
2008.12	1820.80	下降	7.472	上升	
2009.01	1990.65	上升	10.157	上升	
2009.02	2082.85	上升	7.946	下降	拐点

三、综合解释

运用前文"系统性风险的变动率"的内容，就可以清楚地知道，货币固化率 S 和股市指数"拐点"来临的原因。

而货币供应量 M1 与指数的相反运动，恰恰说明在底部振荡时，普通投资者的资金利用反弹，从股市撤出，进而转化成定期存款或者国债等固化货币，不断造成固化率升高的现象。

第六节　总结

经过中国股市最近 10 年历史数据的推演，已经完成了对本章提出的数量概率模型的印证，得出了预测指数峰值的充分必要条件，在纯学术研究的基础之上，大大地提高了数量概率模型的实用性和可操作性。

遗憾的是，在历史数据对应的峰值处，还没有给出明确的下跌概率 —— 风险的数值。一方面说明还需要更加细致深入地研究工作；另一方面，我们可以通过历史数据推算一个经验值。

我们还用此方式检验了美国道琼斯指数与美联储公布的货币供应量 M1、M2、M3 数据，它们并不存在明显的相关关系。

同样，香港恒生指数与香港的货币供应量 M1、M2、M3 也不存在相关关系。

原因解释：

1.作为无外汇管制地区，资金自由流动明显，月末公布的货币数据，与每日存在于市场的实际资金数量，并不相同。

2.愿意购买的资金系数 K，变化非常大。

3.沽空机制和存在大量的衍生品交易，使得投资产品的供应量变化非常大。

这样，造成了本书研究的前提假设不能成立。换句话说，目前只有中国市场，存在"股市指数和货币供应量相关的货币现象"。因为在中国金融市场存在"可验证的"预测结果，所以本模型理论的研究，就有了成功的条件。

这或许是金融投资理论的一个突破。

第十四章　实践应用

这套模型研究完成于2009年8月。之后就立即应用于实际的市场来预测。

第一次，2009年10月，结论"非顶"，当时的市场指数（沪综指）如图14-1所示。

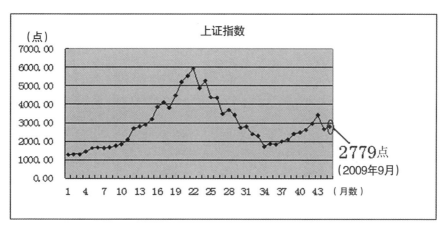

图14-1　2006—2009年9月"非顶"市场指数（沪综指）变化

三项因子的数值是：

M1 / M2：0.34455

S1：29.50%,

S：- 0.155

如图 14-2 所示。

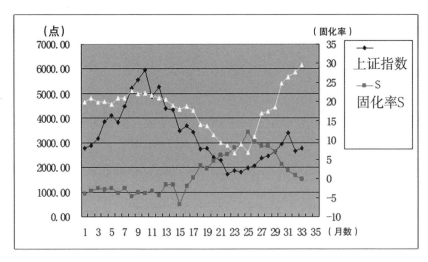

图14-2　2006—2009年"非顶"市场指数（沪综指）三项因子的数值变化

按照"充分必要条件"的要求，货币 M1 在顶部高位，固化率 S 在负区 6 个月以上，就可构成顶部。

S1 当时为 29.5%，是比较高的位置。但是固化率从高位一路下降，刚刚进入负区，货币的活跃程度还在继续增加，所以不符合"见顶"要求，不是顶部。对应的投资策略就应该是买入。

第二次，2010 年 1 月，结论"见顶"，当时指数如图 14-3 所示。

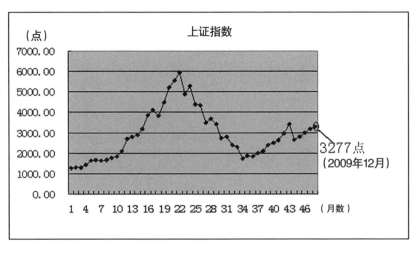

图14-3　2006—2009年"见顶"市场指数（沪综指）变化

三项因子数值为：

M1 / M2：0.36292

S1：32.35%

S： - 3.658

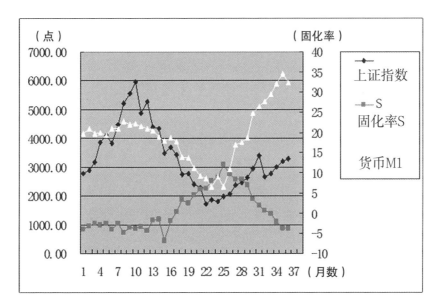

图14-4　2006—2009年"见顶"市场指数（沪综指）
三项因子的数值变化

按照充分必要条件，可以清楚地得出结论。

固化率符合必要条件；货币 M1 处在 32.35% 的历史高位，未来的变动方向只有一个。

在第二次应用中，我们还可以看到，流动性比率的延迟确认，如图 14-5 所示。

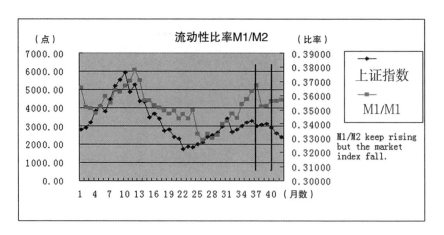

图14-5　2007—2010年6月流动性比率M1／M2延迟确认

指数在下降，M1／M2在上升；指数在回升，但是M1／M2却在下降，说明资金从股市中流出，并转化成了低风险、无风险的其他形式的广义货币。其过程如下。

指数在下降，抛出股票，资金进入M1，M2变化不大，故M1／M2上升。抛压减轻后，指数回升，流出的资金不再返回股市，而是进入M2，成为固化的货币。故M1／M2下降，顶部出现。

第三次，在2011年初，结论是"非底"；第四次是在2012年11月，结论是"底部"。

过程就不再详细论述。至此，本模型理论的四个可预测结果——底部、非底、顶部和非顶，已经全部验证过了。

一直到本研究公开发表日，2024年9月底，货币固化率、货币流动性比率等数值，还是在起着关键性的作用的，如图14-6所示。

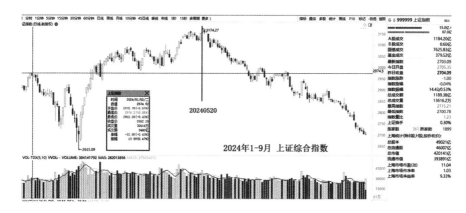

图14-6　上证指数（2024年9月18日）

2024年受美国持续加息等因素的影响，中国股市持续走低，上证指数在9月一度跌破2700点。

那么我们一直跟踪的货币 M1 增速、货币流动性比率和货币固化率（央行在每月 10 日左右，公布上一个月的货币供应量等数据）在2024年（8月末数据）的表现如表14-1所示。

表14-1　上证指数在2024年8月末数据变化

日期	上证指数收盘	深证综指收盘	月末货币供应量 M1 同比增速（%）S1	月末货币供应量 M2 同比增速（%）S2
2024.01	2788.55	1544.90	5.90	8.70
2024.02	3015.17	1706.98	1.20	8.70
2024.03	3041.17	1747.61	1.10	8.30
2024.04	3104.82	1756.08	−1.40	7.20
2024.05	3066.81	1729.65	−4.20	7.00
2024.06	2967.40	1618.07	−5.00	6.20
2024.07	2938.75	1610.78	−6.60	6.30
2024.08	2842.21	1544.23	−7.30	6.30

1. 货币 M1

货币 M1 的增速，在4月就开始"负增长"，一直倒退至8月底，股市指数在5月见顶后，一路走低，保持同步变化。

2. 流动性比率

货币 M1/M2，流动性比率，在 8 月又创出新低，只有 0.20660，如图 14-7，即在 100 元里，只有 20.66 元是活钱，用来支付、消费和投资，其他的近 80 元都以国债、定期存款、外币、票据等形式，退出了流通领域。

图14-7　2005—2024货币M1/M2和深证综指

3. 货币固化率

货币固化率呈现出统计时期以来的新高——12.794，如图 14-8，货币剪刀差持续扩大，从经济领域新赚到的、原来在投资领域投资的资金，都转化成货币 M2，说明投资者没有任何投资意愿。固化率和指数，保持负相关。

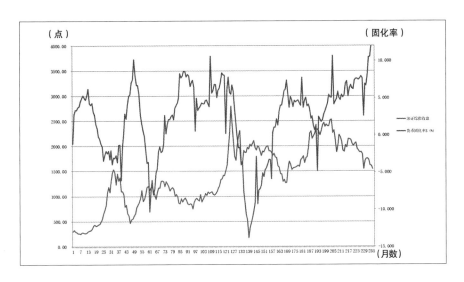

图14-8 2005—2024货币固化率和深证综指

小结：

综合以上三点，货币流动性接近"枯竭"，人们投资意愿极其低，经济运行接近"荣枯"拐点，政府宏观经济政策必须做出重大改变。

由此，我们研究的结果，货币 M1 增加速度、货币流动性比率 M1 / M2 和货币固化率，仍然在对股市的系统性风险的度量上，有着十分明显的作用。

附件一 流动性比率的逐月比较

一、2000年上证综指与流动性比率的比较

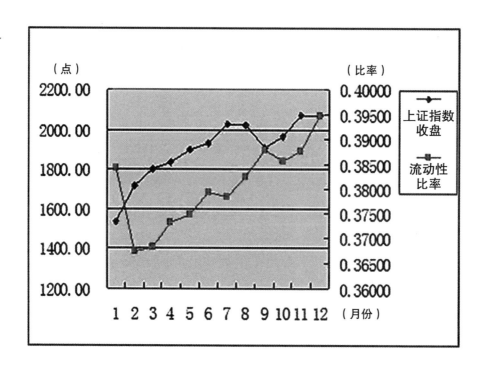

图1 上证综指2000年月线与流动性比率比较示意图

结论：正相关关系。

二、2001年上证综指与流动性比率的比较

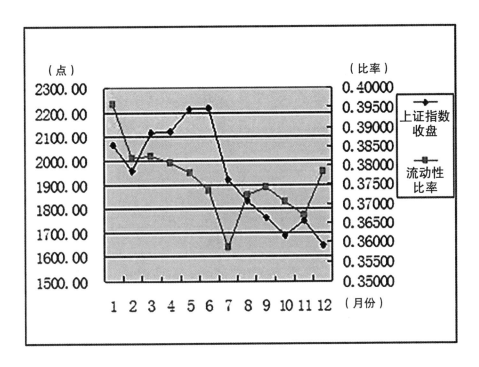

图2　上证综指2001年月线与流动性比率比较示意图

结论：不是正相关关系。流动性比率的变动领先上证综指6个月的时间——领先相关。

三、2002年上证综指与流动性比率的比较

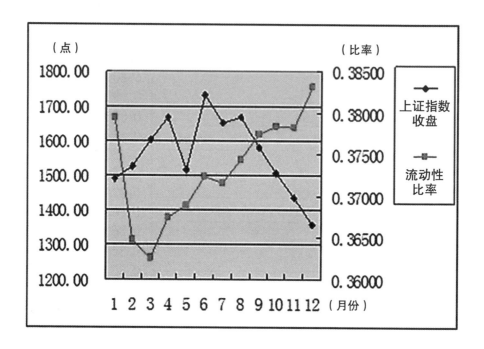

图3　上证综指2002年月线与流动性比率比较示意图

比较结果：不相关。

因为在2002年中国股市的基本面发生重大变化，开始全流通改革，准备将占总股本近2/3的非流通法人股、国家股按一定方案实现全部可以流通，大大地提高了股市的可流通股份——供应量，此时的价格不再由需求来决定了。

四、2003年上证综指与流动性比率的比较

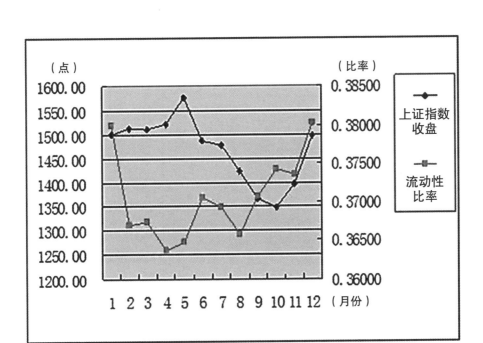

图4　上证综指2003年月线与流动性比率比较示意图

　　比较结果：不相关。但是可以看出流动性比率明显地引领股市指数变化，前4个月综指小幅上升但是流动性比率在持续下降，导致股指后面5个月的下降；流动性比率自8月开始上升，从而引发上证综指在11月、12月两个月的上升。这种情况也可看作领先相关。

五、2004年上证综指与流动性比率的比较

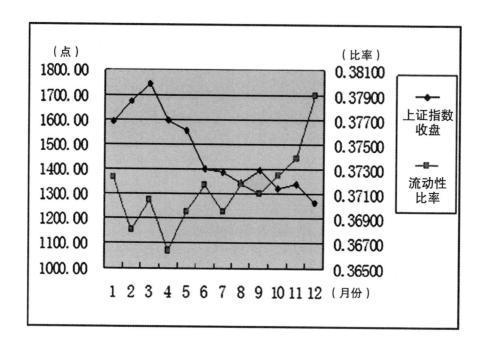

图5 上证综指2004年月线与流动性比率比较示意图

比较结果：不相关。原因是股改方案经过2年多的讨论逐步进入可操作的实施阶段，投资者预期股市的供应量会大大增加。所以，即使流动性在改善，比率在走高，但是股指仍然在下降。

六、2005年上证综指与流动性比率的比较

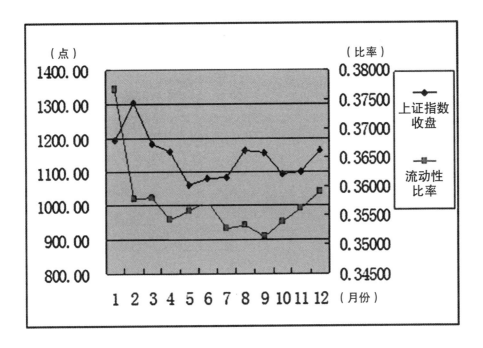

图6　上证综指2005年月线与流动性比率比较示意图

比较结论：正相关关系。

七、2006年上证综指与流动性比率的比较

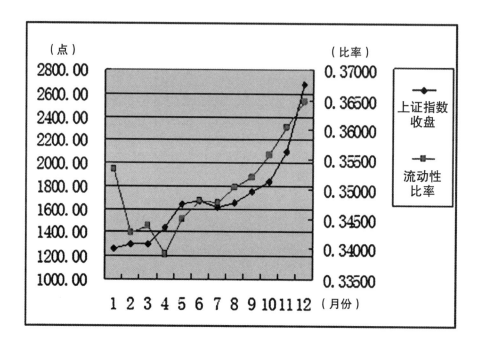

图7　上证综指2006年月线与流动性比率比较示意图

比较结论：正相关关系。

八、2007年上证综指与流动性比率的比较

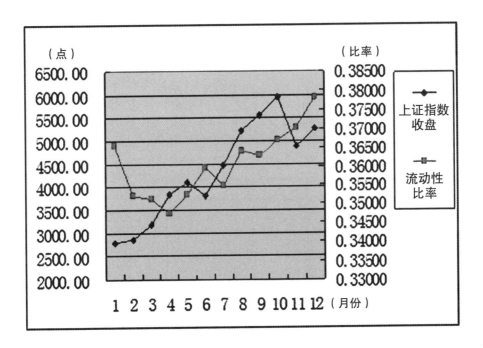

图8 上证综指2007年月线与流动性比率比较示意图

比较结论：正相关关系。

九、2008年上证综指与流动性比率的比较

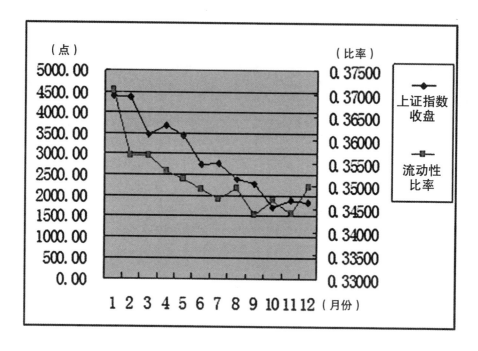

图9　上证综指2008年月线与流动性比率比较示意图

比较结论：正相关关系。

十、2009年1—8月上证综指与流动性比率的比较

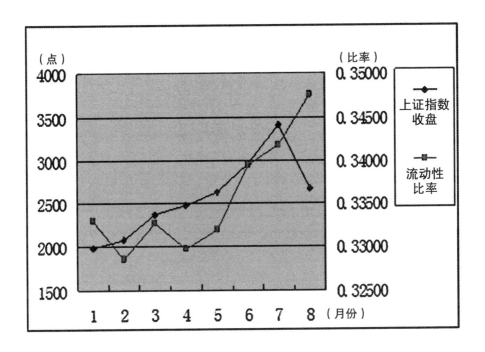

图10 上证综指2009年1—8月月线与流动性比率比较示意图

比较结论：正相关关系。

小结：

经过比较以上10组数据，其中正相关关系6个，领先相关2个，不相关关系2个。第一，不相关关系的原因是基本交易规则发生重大变化，供应量或预期供应量大增，改变了"需求决定价格"的假设条件。此两例也从反面证明了"在正常交易条件下，供应量没有大的变化时，价格只由需

求决定"。第二，领先相关关系，虽不是正相关，但是并不妨碍依据货币的流动性比率的变化来预测股市的变动，反而在时间上提前给出了可靠的信号。第三，需要注意的是，最近的5组数据全部是正相关关系。而且可以在历史数据中再次找到正相关的年份，这说明近5年的正相关并不是统计时间上的巧合。

附件二　货币固化率S的逐月比较

一、2000年上证综指与货币固化率的比较

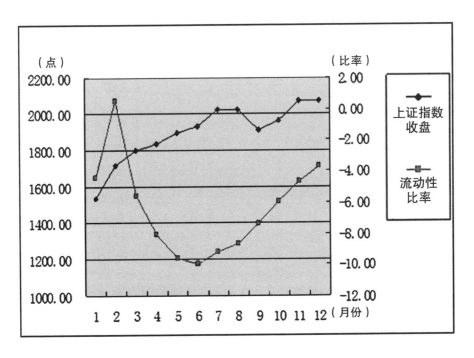

图1　上证综指2000年月线与货币固化率S比较示意图

比较结果：

——2000年的货币固化率S多数时间处于负值，说明货币M1的增速总是大于M2的增速，货币的固化程度较低，金融投资活动活跃。

——2000年上半年的固化率由正迅速转负并不断降低时，指数下跌的概率也越来越小，指数在快速、不断地上升。

——2000 年下半年的固化率从峰值回升，下跌概率的降幅也在缩小，指数缓步攀升。

二、2001年上证综指与货币固化率的比较

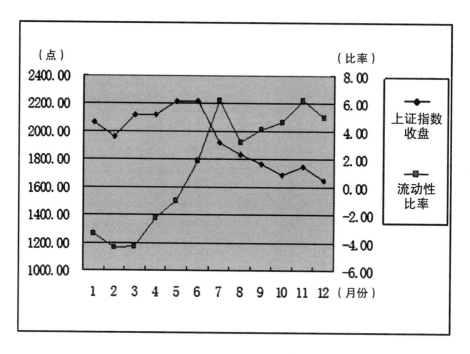

图2 上证综指2001年月线与货币固化率S比较示意图

比较结果：

——2001 年前 5 个月固化率逐步由负值上升至 0 轴附近，并在 6 月达到正值，股指仍维持小幅攀升势头，并在 6 月达到最高峰值。

——2001 年下半年固化率维持在正值，显示货币 M2 的增速快过 M1 货币趋向于固化，投资的系统性风险正在加大，投资活动正在降温，与之对应的是股指开始不断下降。

三、2002年上证综指与货币固化率的比较

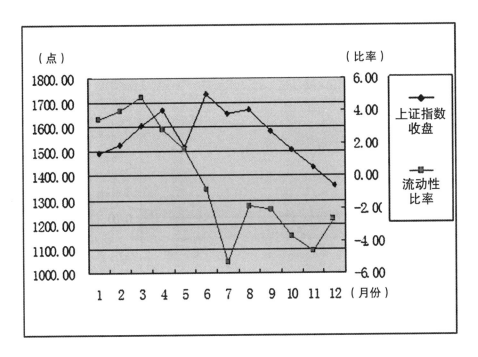

图3　上证综指2002年月线与货币固化率S比较示意图

比较结果：

——2002年下半年固化率已经降低到负值区域，但还是因为"全流通方案"的原因，指数在逐步走低，这不符合本章对固化率的数学推论。

四、2003年上证综指与货币固化率的比较

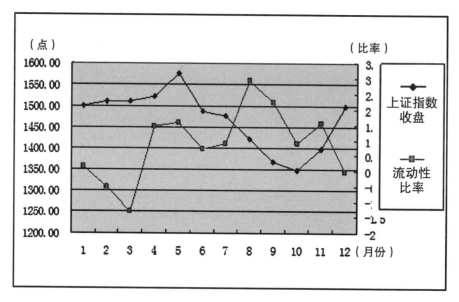

图4　上证综指2003年月线与货币固化率S比较示意图

比较结果：

——固化率在负值的时候，股指上升，在正值的时候，股指下跌。

五、2004年上证综指与货币固化率的比较

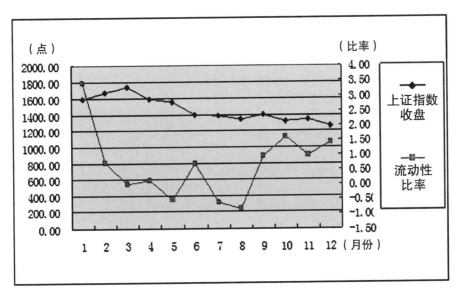

图5 上证综指2004年月线与货币固化率S比较示意图

比较结果：

2004年虽有三次固化率低于0，资金活跃，可由于"股改"的原因，股指并没有上升，而是逐步下降，这不符合本章对固化率的数学推论。

六、2005年上证综指与货币固化率的比较

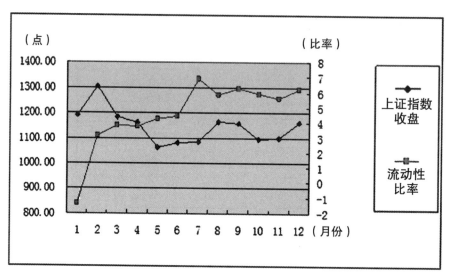

图6 上证综指2005年月线与货币固化率S比较示意图

比较结果：

——2005年1月，固化率为负值，所以导致了股指在2月的上升；

——2005年2—6月，固化率为正值并不断走高，股指则不断下降；

——2005年下半年固化率见正峰值之后回落，股指在低位徘徊。

七、2006年上证综指与货币固化率的比较

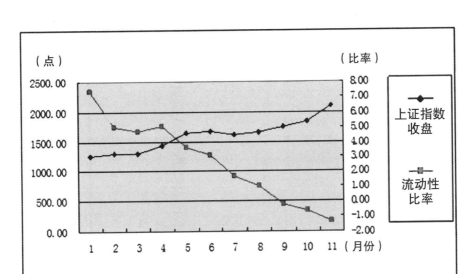

图7　上证综指2006年月线与货币固化率S比较示意图

比较结果：

固化率由正峰值逐步、一直回落至负值，说明货币开始逐步向 M1 转化，投资活动渐渐活跃，投资的系统性风险不断降低，而股市指数从底部开始启动，稳步走高。

八、2007年上证综指与货币固化率的比较

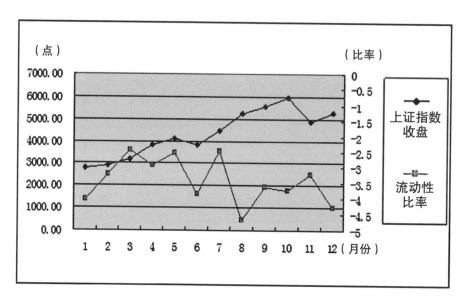

图8 上证综指2007年月线与货币固化率S比较示意图

比较结果：

——2007年全年的固化率处在负值，表明资金特别活跃，投资风险不高；

—— 固化率的峰值出现在8月，而股指的峰值出现在10月，固化率S的领先性明显；

—— 固化率基本与股指负相关。

九、2008年上证综指与货币固化率的比较

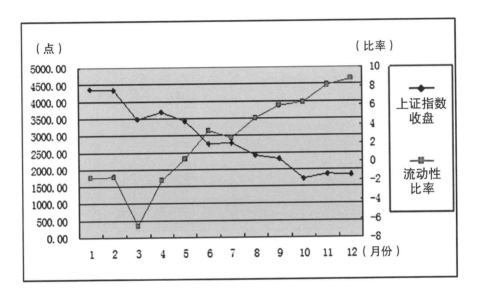

图9　上证综指2008年月线与货币固化率S比较示意图

比较结果：

—— 固化率与股指完全负相关；

—— 固化率在年底12月达到正的峰值。

十、2009年1—8月上证综指与货币固化率的比较

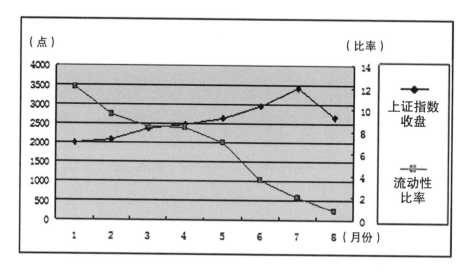

图10　上证综指2009年月线与货币固化率S比较示意图

比较结果：

——固化率与股指完全负相关；

——固化率在8月达到最小值，但是仍然为正数。